英国貴族の城館

The Country House

［写真・文］増田彰久

河出書房新社

ブック・デザイン：辻 修平
Book Design : Shuhei Tsuji

●

プリンティング・ディレクター：十文字 義美
Printing Director : Yoshimi Jumonji

●

製版：鈴木 篤
Prepress : Atsushi Suzuki

はじめに
Introduction
増田彰久

　私が建築写真家を志したきっかけは、大学の卒業制作で禅寺の修行僧を撮影したことだった。

　初めは、若い修行僧、雲水の生活や人間性に注目していたが、撮影を重ねるうちに、禅寺のもつ独特の建築空間が、彼らをかたちづくるのではないかと思うようになった。建築が人間をつくる。私はそのような視点で建築を撮ることに、面白さを見出した。

　明治期、東京・丸の内のビジネス街に赤煉瓦のオフィスビルが立ち並ぶ通りがあった。人呼んで「一丁倫敦（ロンドン）」……。なかでも異彩を放っていたのが、英国人建築家ジョサイア・コンドルの作品で、その上品で堅実な美しさによって、建築史家・村松貞次郎先生がのちに「明治の法隆寺」とまでいわれた三菱一号館（現・三菱一号館美術館）である。1969年（昭和44）、解体直前にこの名作を撮影する機会に恵まれて以来、私の「失われてゆく日本の西洋館」探訪が始まったのだ。

　1988年（昭和63）、東京・三田にあった元・蜂須賀侯爵邸（1927年に建設され、1952年以来、オーストリア大使館だった）が解体されることになり、取材撮影で訪ね、初めて慶應義塾大学教授（当時）の田中亮三先生とご一緒した。

　田中先生にとって、蜂須賀邸は日本のカントリー・ハウス。そのときにイギリスのカントリー・ハウスの魅力について先生からうかがい、やがて先生ご夫妻と何度も、イギリス撮影取材旅行をご一緒することとなった。ついに日本の西洋館のふるさと、英国へと行き着いたのだ。

　当時の日本では、イギリスにこのような貴族の館が数多く存在することを知る人はごく一部だった、そんな状況だったが、田中先生がそれまで永年にわたり築かれてきた、イギリス貴族たちとの絆のおかげで、多くのカントリー・ハウスの撮影をする機会を得ることができたのだ。

　カントリー・ハウスとは、16世紀後半から20世紀初頭にかけて、

貴族たちが自らの権力を誇示し、また自分たちの暮らしを楽しむために、広大な敷地に立てた邸宅をさす。

　何百という館が現存し、今日まで十数代にわたって住み継がれている。そのなかからダイアナ元妃の実家として有名なスペンサー伯爵邸オールソープや英国バロックの代表作であるチャーチルの生家、ブレナム・パレス、シェイクスピア「マクベス」ゆかりのグラミス・カースルなど、極めつきの逸品を撮影してフィルムに収めてきた。

　手入れの行き届いた美しいイングリッシュ・ガーデン、室内を飾る貴重な絵画や彫刻、タペストリー、陶磁器、調度品の数々……。外観ばかりではなく、そういったすべてを通じて館の住まい方、飾りつけの仕方、貴族の暮らしぶりを垣間見ることができる。

　私が初めて出会った西洋館「三菱一号館」を設計したジョサイア・コンドルが、1876年のカントリー・ハウスの設計案で英国王立建築家協会のソーン賞・新人賞を受賞しているのも、何かの縁と思われてならない。

　1871年（明治4）、岩倉具視、大久保利通ら、遣欧使節団が訪ねたチャッツワースは、英国を代表するカントリー・ハウスの一つだが、華麗な英国バロック様式の館に、一行はさぞ驚いたことだろう。

　見渡すかぎり広大な敷地に川を引き込み、大きな二連の石橋がアプローチになっている。ここでは、風景までもが人工的に美しく造り込まれているのだ。

　チャッツワースよりも大きな館の一つにブレナム・パレスがある。ここがウィンストン・チャーチルの生家で、彼はこんな大きな家で生まれたのか、と驚いた。建物は人を育てるというが、建物は、「大英帝国のために」、「女王陛下のために」、という具合に、偉大な人物を生むことさえあるのかという思いに、圧倒された。

　その後、日本人の英国旅行熱も高まり、カントリーサイドの魅力

も多くの人が知るところとなった。テレビドラマ『ダウントン・アビー』の舞台となったハイクレア・カースル、スコットランドの断崖絶壁に建つカレイン・カースルの、ロバート・アダム設計の逸品オーヴァル・ステアケース（楕円形平面の階段室）など、先に紹介した館とともに、今では多くの日本人観光客が訪れている。

　カントリー・ハウス取材は毎年夏休みや5月の連休などに続けた。日本からロンドンのヒースロー空港に着くと市内に入らず、そのままレンタカーで最初の撮影のある土地まで向かう。カントリー・ハウスは館自体が巨大なので移動も含めると1軒の撮影に最低でも1日はかかる。10日で10軒というハードスケジュールである。

　本書は、イングランドとスコットランドのカントリー・ハウスを掲載する写真集としては、初めてのものである。

目次
Contents

はじめに Introduction 増田彰久……1

壮麗なる貴族の城館を訪ねて
Visiting the Magnificent Country Houses of the Aristocracy
増田彰久……6

England イングランド……17

Adlington Hall アドリントン・ホール……18

Althorp オールソープ……22

Belvoir Castle ビーヴァー・カースル……32

Blenheim Palace ブレナム・パレス……40

Bowood House ボウッド・ハウス……48

Burghley House バーリー・ハウス……52

Castle Drogo カースル・ドロゴ……60

Castle Howard カースル・ハワード……64

Chatsworth チャッツワース……68

Drayton House ドレイトン・ハウス……76

Haddon Hall ハドン・ホール……80

Harewood House ハーウッド・ハウス……86

Hatfield House ハットフィールド・ハウス……94

Highclere Castle ハイクレア・カースル……102

Holkham Hall ホルカム・ホール……112

Houghton Hall ハウトン・ホール……118

Kedleston Hall ケドルストン・ホール……122

Little Moreton Hall リトル・モートン・ホール……128

Longleat House ロングリート・ハウス……130

Nostell Priory ノステル・プライオリ……134

Osterley Park オスタリー・パーク……138

Ragley Hall ラグリー・ホール……144

Syon House サイアン・ハウス……148

Wilton House ウィルトン・ハウス……152

Woburn Abbey ウーバーン・アビー……156

Scotland スコットランド……*165*

Abbotsford House アボッツフォード・ハウス……*166*

Blair Castle ブレア・カースル……*174*

Blairquhan Castle ブレアファン・カースル……*182*

Cawdor Castle コーダー・カースル……*186*

Culzean Castle カレイン・カースル……*194*

Dalmeny House ダルメニー・ハウス……*202*

Drumlanrig Castle ドゥラムランリグ・カースル……*208*

Dunrobin Castle ダンロビン・カースル……*214*

Floors Castle フローズ・カースル……*220*

Glamis Castle グラミス・カースル……*226*

Hopetoun House ハウプトン・ハウス……*236*

Inveraray Castle インヴェラリー・カースル……*240*

Kinross キンロス……*244*

Manderston マンダーストン……*246*

Mount Stuart House マウント・ステュアート・ハウス……*250*

Thirlestane Castle シアレステン・カースル……*256*

Traquair House トラクウェア・ハウス……*260*

カントリー・ハウス概説
Introduction to the Country House
中島智章……*264*

各館解説 Commentary 中島智章……*270*

印象に残った城館
Memorable Country Houses
増田彰久……*282*

おわりに Afterword 増田彰久……*285*

壮麗なる貴族の城館を訪ねて
Visiting the Magnificent Country Houses of the Aristocracy

増田彰久

1 カントリー・ハウスとは

カントリー・ハウスとは、おもにエリザベス1世時代末期の1590年代から、19世紀ヴィクトリア女王時代、エドワード7世時代の20世紀初頭にかけて、貴族や富裕な郷紳階級の大地主たちが自らの権勢を誇示するために田舎の所領に建てた壮麗な城館のことである。

英仏の百年戦争の後、ヨーク家とランカスター家の二大貴族が王位継承をめぐって30年にわたって戦った薔薇戦争が1485年に終結し、テューダー朝が成立、ヘンリー7世が王位についた。この時ようやく強力な王権が確立して、群雄割拠して領地を争いあう時代が終わり、軍事的な機能を持つ「城塞」ではなく、日々の生活を楽しむことに重点をおいた「城館」、カントリー・ハウスが建てられるようになったのだ。

テューダー朝2代目のヘンリー8世は、英国国教会を設立し、自らその首長となった。その後、カトリック教会の修道院は廃され莫大な教会の土地と財産は没収された。それが新興支配階級を構成することとなった臣下に払い下げられ、豪壮なカントリー・ハウスが生まれる素地となったのである。カントリー・ハウスの名称に「修道院」(アビー[abbey]、プライオリ[priory])などが残るのはそのためである。

イギリスの世襲貴族の爵位には公爵、侯爵、伯爵、子爵、男爵がある。爵位の保持者は当主一人であり、その継承者はふつう、正式な結婚によって得られた最年長の男子である。当主に嫡男がない場合、男系をさかのぼって近い親戚の男子を探すことになる。

日本にもヨーロッパの貴族に倣った華族制度が明治から昭和の戦後直後まであったが、英国では貴族制度はいまだ存続していて、彼らは先祖代々のカントリー・ハウスに住み続けている。

貴族は領地での農場経営などのほか、かつては貴族院議員として国会での務めも果たしていた。現在も農場経営や会社経営などを続ける貴族も多い一方、没落してカントリー・ハウスを手放した貴族もいるし、なかには管理不可能となり廃墟となってしまったところもある。

また、環境・史跡を保護するチャリティ団体ナショナル・トラストや政府の機関であるイングリッシュ・ヘリテッジに管理を委ねているカントリー・ハウスもある。多くのカントリー・ハウスは季節の良い夏から秋にかけて、年に一定期間、一般向けに館内を公開する。これにより固定資産税を減免する制度があるためである。一般公開しているところも多い。

2 なぜ巨大な館が必要だったのか?

カントリー・ハウスは広大な所領に立地している。そして館の内部にはどこまでもどこまでも50も60も、あるいは100もの数の部屋が続いている。なぜこのような巨大な館が必要だったのか。

近世のイングランドには、日本の参勤交代とはちょうど逆のシステムがあり、中央から定期的に王族たちが地方の貴族の館に滞在しにやってきた。

たとえば、ヘンリー8世の娘エリザベス1世は、たびたび臣下の城館を訪れて滞在したという。女王とたくさんの随員をもてなすためには多くの部屋と膨大な費用が必要だった。女王の信任が篤かったウィリアム・セシルの城館では十数回の行幸のたびに増改築がなされたという。一行は1週間から2週間滞在し、その間、狩りや釣りなどのカントリーサイド(田舎)ならではの遊びや、カード、チェスなどに興じる。長く滞在することで、その家の経済状態もわかり、一方では彼らの滞在にはかなりの費用もかかるので地方の貴族の財力がそがれ、それによって戦乱もおさまり、平和な時代が訪れたということもできる。国内の戦いがなくなったため、海外への進出が可能となり、世界各地に植民地を持つ「太陽の没することのない大英帝国」が出現したともいえる。

3 貴族の暮らし

●貴族の1年

王族や世襲貴族、その他伝統的な上流階級の人々は代々受け継いだ広大な領地からの収入で、労働とは無縁

の暮らしを送っていた。「ファミリー・シート」と呼ばれる本宅のほか、いくつもの別宅を持ち、季節ごとの活動にあわせて世帯ごとに移動しながら日々を過ごす。

時代が下ってヴィクトリア女王時代、議会の開始は2月からとなっていた。称号のある世襲貴族の当主は自動的に貴族院に議席を占めた。このため、春から初夏はロンドンの季節となる。

彼らは、議会にも顔を出しながら社交に精を出す。5月初め「王立芸術院」内覧日を皮切りに、連日のように舞踏会、正餐会、展覧会、音楽会が開かれる。オペラや演劇の鑑賞、競馬、ポロ、クリケット、ボートのようなスポーツの観戦も社交の一環だった。

8月12日、ライチョウ狩りが解禁されると、上流の人々は鳥撃ちのできるスコットランドへ向かった。9月1日にはヤマウズラ、10月1日にはキジ撃ちが解禁となる。

事前に領地で育てていた野鳥を放ち、茂みを叩いて飛び出しところを散弾銃で撃つ。このような「銃猟」がヴィクトリア女王時代に流行し、数日間の週末パーティーが開かれるようになった。

銃猟に向いた土地と大勢のゲストが滞在できる美しい屋敷を有し、猟場番人に獲物を育てさせ、射撃の名手、教養豊かな才人、美女たちをそろえて王太子や有力貴族を招く、というのは、上昇志向を持つ人々にとって出世の道の一つだった。もちろん、王室の方々が満足するもてなしを行うとなると、膨大な予算と相応な人脈が必要となる。

銃を使わず、猟犬を駆って乗馬で狐を追いかける「狐狩り」は暗黙の了解により11月から4月にかけてがシーズンとなっていた。こうして秋から冬にかけては、田園地帯のカントリー・ハウス滞在型パーティーとなる。狩猟にともなう舞踏会や正餐会、家族が中心のクリスマス・パーティー、年越しや新年のパーティーも開かれた。

繁栄期の英国における上流社交界は、時には海を越えて、あるいはカントリー・ハウスとロンドンのタウン・ハウスを行き来して行われた。

●使用人の世界

華やかな暮らしの舞台であるカントリー・ハウスの内部は「表側」と「裏側」に分かれていた。食堂（ダイニング・ルーム）、広間（サルーン）、応接間（ドローイング・ルーム）、図書室（ライブラリー）、ベッドルームなど、家族と来客が使用する部分は「表側」に属し、たいていは日当たりがよく庭の見晴らしがよい場所に配置される。そして「裏側」は使用人の領域となる。規模の大きな家では、表側は家令（スチュワード）か執事（バトラー）を頂点とする男性使用人が仕切り、ハウスキーパーやコックの率いる女性使用人は裏側を担当することが多かった。

表と裏の境界は「緑のベーズのドア」（ベーズとはビリヤード台などに使用されるラシャ布）で仕切られ、表側からこのドアを開いて境界を越えると、内装は一変し、質素で狭い通路が配され、部屋の中には使いふるしで不揃いなテーブルや椅子が置かれている。また、家族の使う玄関と使用人の通用口も厳密に分かれていた。

●ロンドンのタウン・ハウス

このようにカントリー・ハウスとタウン・ハウスを使い分け、行き来する生活が、貴族のライフスタイルだった。

しかし20世紀になり、ロンドンのタウン・ハウスの多くは処分され、「グロブナー・ハウス」や「ランズダウン・ハウス」のようにホテルやクラブなどに転用されたものもある。

4│カントリー・ハウスの代表的な部屋

イギリスのカントリー・ハウスは、各家でそれぞれ個性的だが、大広間、階段室、ロング・ギャラリー、書斎、応接間、食堂、厨房など、共通する各空間、各部屋があり、それぞれの役割、特徴を持っている。

●アプローチ

カントリー・ハウスのアプローチには、まず門があり、そこには門番の家がある場合がある。門を入って数キロを車で走ってもハウスにたどりつかないこともたびたび。

7

門を入った先にまたいくつか門をくぐるということもあり、期待感を高める工夫が凝らされている。

ハウスに近づくと、外観の眺めをよくするため、「チャッツワース」のように敷地内を流れる川の流れのコースを変えて、橋の向こうに館を望む絵画的な風景を作り出していたり、「ハイクレア・カースル」のように神殿の廃墟を模した四阿をあしらったりしている。

●大広間（グレイト・ホール）

玄関部分は大広間になっている。近世初期のカントリー・ハウスでは、中世のマナー・ハウスと同様、天井が高い長方形の大広間が一つだけで、家族と使用人の共同生活が行われていた。しかし16世紀後半から急速にプライバシーが求められるようになり、ホールは生活の場から、宴会などのもてなしの場となり、18世紀以降は玄関ホールの役割を担うようになり、壮麗で訪れる人々に感動を与えるような空間が造られた。

●階段室（ステアケース）

18世紀初め頃のイギリスのカントリー・ハウスの構成では、イタリアのヴィラに倣ったパラーディオ主義が流行しており、主要な部屋は2階に配置されている。この時代までには、階段は各カントリー・ハウスの最重要ともいえる部分となり、訪問客が玄関ホールで受けた感動を持続させ、奥に連なる部屋への期待感を高める役割を持った。

館のなかでも大きな「見せ場」となっている部分なので客を迎える時には、ここから主人と夫人、大型犬が一緒に下りてくる様子は、まるで歌舞伎役者が花道で見得を切る姿のようだ。どこの家でも、階段はとくに豪華に造られている。

建築家は階段室のデザインに精力を傾けた。螺旋階段や回り階段、手摺や欄干のデザインなどは各館ごとに異なり、素材にはマホガニー、胡桃、オークなどの高級なものが用いられている。トップライト（天窓など）による灯りの下、壁面は彫刻や絵画などの装飾で飾りたてられている。

●広間（サルーン）

英語では「サルーン」であり、多くの客を招いての宴会や舞踏会の間として使用された。18世紀から19世紀になると、玄関ホールに続いた場所に設けられ、その多くは円筒形で階上までの吹き抜けとなっており、ドームを頂いて天窓から光を採り入れたり、天井画が描かれたりしている。

●ロング・ギャラリー

カントリー・ハウスのもっとも大きな特徴となっている部屋といってよい。通常は2階、または主要階に設けられた幅6メートルほど、長さ50メートルほどの細長い部屋で、廊下とは異なる一個の独立した部屋となっている。

エリザベス1世の時代から18世紀末に建てられたカントリー・ハウスには、ほとんど例外なくロング・ギャラリーが設けられているが、その用途は時代とともに変化していった。初期のギャラリーは2階や3階の最上階に置かれ、家の側面全部を使った長さがあって、一方の壁に並べたガラス窓を通して、庭園の眺めを見下ろせる空間になっていた。寒く湿気の多いイギリスの冬に、婦人たちが戸外の散歩をする代わりに行き来する、いわば屋内運動場の役割も果たしていた。そうして着飾った姿を競い合う社交の場でもあったのだ。17、18世紀になって、貴族や富裕階級の子弟がヨーロッパ大陸に遊学する「グランド・ツアー」がさかんになるにつれ、絵画や彫刻の名品が持ち帰られるようになり、ロング・ギャラリーはそれらを展示するギャラリーともなった。ここに椅子や書き物机を持ち込み、家族や親しい友人がゆったりとくつろげる居間と応接間を兼ねた空間にした家もあった。

60メートル以上の長さを持つ「ハットフィールド・ハウス」や、ティントレットやエル・グレコなどの名画が並ぶ美術館のような空間を持つ「ハーウッド・ハウス」、18世紀に2万冊もの蔵書を収めるライブラリーに改造された「チャッツワース」などの例もある。

●ライブラリー

18世紀後半は「理性の時代」といわれ、それまで野原で獲物を追って狩りをしていた貴族たちも、知的な追求が重要と考えるようになった。その影響でそれ以降に建てられたカントリー・ハウスには例外なく、すべての壁面を書架で覆い尽くした書斎＝ライブラリーが設けられるようになった。また、それ以前の建物にも既存の部屋を改造しライブラリーを設けた。

本が並んだ空間は落ち着いた雰囲気となり、学問、研究の場としてだけでなく、家族がくつろぐ団欒の場としても広く用いられた。

●ダイニング・ルーム

イギリスの上流階級にとって食事という行動は、単に生命の維持や食欲を満たす行為ではなく、ある種神聖化されているものといってもよいようだ。したがってそのための場所であるダイニング・ルームは、儀式の会場のような格式ばったものであり、食卓には銀のキャンドルスタンドや容器、ナイフやフォークなどのカトラリー、ヨーロッパや東洋の特注の陶磁器類といった装置がそろえられている。

また、長く続いている名家のダイニング・ルームには必ず先祖の肖像画が掛かっている。今も食堂で食事をする時には、正装とまでいかなくても、男性は必ずネクタイをしたきちんとした格好でテーブルにつき、ご先祖様たちが見ていることを意識しているかのように、明るい話題と楽しい雰囲気で食事をすることを心がけているようだ。

最盛期のカントリー・ハウスでは執事や何人もの召使いが給仕を務めていたが、現在でも人数は減ったとはいえ、食事は給仕人によってサービスされている。

私の経験では、ダイニング・ルームでの食事の際の照明はキャンドルが多かった。招待客がある場合、その座席は当主がさまざまな配慮をして前もって決める。席に着くと、前菜、スープ、主菜と、レストランでコース料理を食べる時のように順番に料理が出される。メインディッシュの肉料理を切り分けるのは、男性当主の役目で、切り分けた肉をさらにすべてのゲストの皿に取り分ける。

なぜ食事の席の照明はろうそくなのか。それは、グラスのカットや銀のカトラリーがゆらめくろうそくの灯によって、より美しくきらめいて見えるからではないかと、何度も体験したディナーの席で実感した。

ある年の夏、スコットランドのブレアファン・カースルに泊めていただき、そこを宿としていくつかの館を取材するという、まことに贅沢な機会を得た。

初めてうかがった時、ご当主のジェイムズ・ハンター・ブレア氏は、玄関の大きな扉の前で、「よく来たね」とニコニコしながら僕たちを迎えてくれた。そして部屋へ案内してくださり、「友だちを7時に呼んでいる、それまで一休みするように」と言われた。

カントリー・ハウスの撮影はいつもとてもハードで、その時も部屋のベッドで横になっていると、あっという間に7時である。旅のラフな服装から背広に着替え、急いで階段を降りていくと、玄関ホールからピアノの音が聞こえてきた。テーブルにはシャンパンをはじめ、いろいろな食前酒が用意され、ジェイミーがグランドピアノの端にグラスを置いて、優雅な調べを奏でていた。

やがて招待客が次々と集まった。私たちはグラス片手に紹介され、8時を少しまわった頃、ダイニング・ルームに案内された。

食堂にはもちろん、先祖代々の数多くの肖像画が真紅の壁いっぱいに掛けられ、いかにブレア家が由緒ある名家であるかがわかる。額の一つひとつには、ほのかな照明が当てられているが、シャンデリアなどはない。食事中の照明はすべてキャンドルである。

席に着くと、前菜からスープと、サービスが続く。ホテルのコース料理とまったく同じである。ホテルが王侯貴族を真似たのだから当然のこと、と聞いたことはあったが、「おお、このことか」と思って感激してしまった。

そしてメインディッシュでは、ご当主自らさばき、銘々に取り分けてくださる。料理もさることながら、ここで使われていた食器は創建当時のもので、歴史の重みを強く感じながら、このうえない幸せな時を過ごした。

9

●ベッドルーム

　中世までベッドルームという用途の部屋はなく、主人や家族の主要なメンバーも、ホールという一つの空間の中で四隅に柱のある天蓋付きのベッドに寝ていた。今もカントリー・ハウスには、その名残のような天蓋付きのベッドのある寝室が多く見られるが、一般的にはより瀟洒なスタイルのベッドに変わっていった。

　前述したように、カントリー・ハウスには家族用の寝室のほかに来客用の寝室が数多く備えられている。使用人のための寝室は地階（場合によっては屋根裏近く）にあることが多く、来客の従者用の寝室も同様である。

●バスルーム

　近世のイギリスの入浴方法は、日本のように身体を洗った後にお湯で流すとは違い、溜めたお湯の中で身体を洗い、お湯を入れ替えることもしないで、その後大型で厚地のバスタオルで丹念に拭き取ることに重点をおいていたようだ。

　水道から湯と水が出るバスタブがカントリー・ハウスに備えられるようになったのは19世紀末から20世紀初めのことで、それまではたとえ浴室をもうけたとしても水道は上の階まで届いていないことが多く、地下のキッチンから使用人に湯を運び上げさせて入浴した。

●撞球室（ビリヤード・ルーム）

　カントリー・ハウスを巡っていると、ほとんどの家にビリヤード・ルームがある。ビリヤード・ルームが設けられたのは19世紀のことで、この頃、男性たちが葉巻を嗜むようになった風習と密接な関係がある。

　友人たちを夫妻で招いての泊まりがけのハウス・パーティーでは、夜、婦人たちが床に就いてから、男性たちはスモーキング・ジャケットという服を着て、葉巻とアルコール類の用意されたスモーキング・ルームに集まり、隣接したビリヤード・ルームでゲームを楽しんだ。

●キッチン

　キッチンでは、火と食材を扱う。火事を防ぎ、不快な

においや騒音を遠ざけるために、別棟になっていることもある。料理人＝クックは、執事、女中頭と並ぶカントリー・ハウスにおける重要な役職で、給料も高額だったという。

　厨房には他の職種の使用人はみだりに立ち入ることができなかったようだ。

　主人一家から来客、使用人までの料理を一手に賄うので、キッチン内は多くの人々が働けるように広く、たくさんの熱源を使用しても熱や蒸気がこもらないように天井が高く取ってある。多人数の食事のため、アルコールや肉、野菜、パンなど多くの食材が調理、消費される場であった。

　長く泊めていただくと貴族生活のいろいろな事情が見えてくる。朝早く、小さな赤い車が決まったように毎日くる。その車には「ロイヤルメール」とあるから郵便屋さんだろうと思うが、郵便を届けてもなかなか帰る様子がない。いつも小一時間ぐらいはいる。

　ご当主に尋ねると、昔、歩いてきたり自転車で届けに来てくれたりしていた頃、敷地が広いので大変だった。そこで「ご苦労さま」と配達の人に朝食をご馳走したそうである。もちろん今では車で来ているのだが、その名残で「今もうちの使用人と一緒に朝飯を食べているんだ」という。古き良き伝統というか、いつまでもそんなことをしているから英国は駄目なんだと言う人もいると思うが、なかなか面白い国である。

●煙突と窓

　近世以降のカントリー・ハウスの外観を特徴づけるものに大きなガラス窓と屋上の煙突が挙げられる。カントリー・ハウスが建てられ始めたエリザベス1世時代末期にはガラスが宝石にたとえられるほど高価な貴重品であったことと、当時の技術では壁の中を通して煙を屋上に出す煙突の工事がむずかしかったため、ガラス窓と煙突の多い建物は、この時代には富の象徴と考えられていた。

　大きな窓を造ることは一種のブームとなる一方、イギリスでも代表的なカントリー・ハウスとされる「ロングリ

10

ート・ハウス」や「バーリー・ハウス」などの屋上には煙突ばかりでなく小尖塔が立ち並び、中世ゴシックの大聖堂のようでもあった。

5│カントリー・ハウスの名建築家たち

　16世紀後半に建てられたカントリー・ハウスでは、建築家というよりは石工の親方が施主の注文にできるだけ忠実に、設計、資材の購入、職人の手配、監督などを行い、建物を建てていた。そのなかでもロバート・スミスソンという名前はエリザベス1世時代の主なカントリー・ハウスの記録に残っているが、それぞれ様式が異なり、施主の意向がいかに重視されていたかがわかる。

　その後17世紀前半になると、イングランドに初めて真のパラーディオ主義を紹介した、イングランド初の建築家ともいえるイニゴ・ジョーンズが登場し、活躍するようになる。イニゴ・ジョーンズは宮廷建築家であり、代表作は、当時の王宮の晩餐会用の部屋として建設された「ホワイトホール」の「バンケティング・ハウス」だった。

　その後17世紀なかばになるとカントリー・ハウスは英国バロック様式の時代を迎える。なかでも孤高の天才建築家ウィリアム・トールマンが担当した「チャッツワース」の南面ファサード、「ディラム・パーク」の正面ファサード、「ドレイトン・ハウス」の正面ファサードはいずれも感動的な珠玉のデザインだ。トールマンに続き、当時人気絶頂だった劇作家ジョン・ヴァンブラが突如建築家に転じて、バロック様式の「カースル・ハワード」、「ブレナム・パレス」を設計している。

　18世紀に入るとグランド・ツアーで実際にヨーロッパ大陸、とくにイタリアを見聞してきた貴族により、カントリー・ハウスの建築様式への審美眼はより磨かれてきて、前世代の英国バロック様式に対する批判が高まった。

　18世紀後半になると、科学的な考古学の発達の影響などで、ルネサンスを通してではなく、直接古代にふれて研究する気運が高まり、ロバート・アダムやウィリアム・チェインバーズといった新進の建築家がイタリアやギリシアに出かけて古代建築の遺跡を写生し、建築の装飾や紋様に取り入れるようになった。

　その結果として、英国建築史上もっとも洗練された純粋な古典主義様式が実現するが、この時代すでにほとんどのカントリー・ハウスの建設が完了していたため、アダムが設計から完成までを手がけた建築は、「ケドルストン・ホール」、「ハーウッド・ハウス」など少数に限られ、アダムの作品として今日残っているもののほとんどは、改築や内部の改装である。

　18世紀末から19世紀にかけては産業革命が進み、イギリスには史上最高の繁栄がもたらされた。この栄光の時代には、荒々しい力と威厳に満ちた中世のゴシック様式が適し、このネオ・ゴシック様式で建てられた建築の代表といえば、世界中に知られるロンドン、ウェストミンスターの国会議事堂「ハウス・オブ・パーラメント」である。

　その設計者の一人であるチャールズ・バリーは、議事堂の工事と並行して、カーナーヴォン伯爵の館「ハイクレア・カースル」の改装・改築も手掛けている。この館はテレビドラマ『ダウントン・アビー』の舞台となったことで多くの人に知られるようになった。そのシルエットは英国国会議事堂に似て尖塔が並ぶ姿であることが印象的だという人がいるが、国会議事堂のファサード・デザインはA・W・N・ピュージンによる、垂直式ゴシックのリヴァイヴァルであるのに対し、「ハイクレア・カースル」のファサードはルネサンス様式を基本にエリザベス1世時代（エリザビーサン）からジェイムズ1世時代（ジャコビアン）の要素を混ぜたジャコビーサン様式である。

●ロバート・アダムの優美なデザイン

　ロバート・アダムの優美なインテリアデザインは、数あるカントリー・ハウスを取材してもとくに印象に残る。

　当時のご婦人方に絶大な人気を誇った、ロバート・アダムはスコットランド出身で、父も兄弟も全員建築家という一家に生まれ育った。1754年から1758年までのあいだ、ヨーロッパ大陸への遊学の旅「グランド・ツアー」に出かけ、帰国後、ローマやポンペイなどの遺跡研究の成果を活かし、建築家として成功した。天井や壁を

11

漆喰の装飾で仕上げ明るい装飾を施した内装は、とくに
貴婦人たちから絶大な人気があった。

アダムはイギリスのみならず、全ヨーロッパ的にみて
も影響力を持った建築家、インテリア・デザイナーであ
った。アダムと同時代に生き、そのデザインを陶磁器に
応用したのがジョサイア・ウェッジウッドである。「オス
タリー・パーク」や「ハーウッド・ハウス」などアダムの代
表作である館を訪ねると館内のあちこちにウェッジウッ
ドの器にありそうな装飾が見られる。「ハーウッド・ハウ
ス」を初めて訪ね、撮影した時には「アダムの間」と呼ば
れていた部屋が、再訪した時には「ウェッジウッドの間」
になっていたのには驚いた。

●カントリー・ハウスの庭

イギリス人にとって「庭」は大切な文化であり、フラン
スなど大陸や日本と異なる世界観や自然観のもとに構成
されている。とりわけ、イングランドは日本と違って、
どこまで行っても平地が続く国である。広大なカントリ
ー・ハウスの庭では、平坦な敷地に変化をもたらすため
に、川の流れを付けかえたり、人工の滝を造りだしたり
などの工夫もされている。

いわゆるイギリス式庭園とは、風景画の世界を実際に
再現しようとしたもので、その代表的な造園家には「ケ
イパビリティ」・ブラウンがいる。ブラウンの代表作には、
「ブレナム・パレス」、「ボウッド・ハウス」、「チャッツワ
ース」、「ハーウッド・ハウス」、「サイアン・ハウス」など
の庭があり、挙げればきりがないほどだ。

●イングランドとスコットランド

本書には17件のスコットランドのカントリー・ハウス
の写真を収めた。スコットランドでは2014年に連合王
国からの独立の是非を問う国民投票が行われ、反対
55.3％、賛成44.7％という微妙な結果が出たことは記
憶に新しい。実はスコットランドとイングランドはあま
り仲がいいというわけでもない。以前、スコットランド
のカントリー・ハウスを撮影に行き、外観を撮るという
段階になると、館主に「ちょっと待て」と言われ、それま

で掲げてあった連合王国の「ユニオン・フラッグ」を下ろ
し、スコットランド旗にかけ替えるということも体験し
た。やはりこの館にはこれでないと。

スコットランドの有名なカントリー・ハウスといえば
「コーダー・カースル」だろう。私たちが撮影に訪れた時
に迎えてくれたのは、先代の伯爵夫人で、彼女の姿を日
本で放送されていたインスタントコーヒーのコマーシャ
ルで知っていたので大いに驚いた。この城を維持してい
く資金を得るために出演したとのこと。撮影のためには
なんとヘリコプターをチャーターしてくださり、そのス
ケールの大きさにも驚いたものだった。

スコットランドのカントリー・ハウスには、廃墟にな
っているところも多かった。その事実からは、スコット
ランドがイギリスの産業革命の下働き的な存在だったと
いう印象を受けた。

●ダイアナ妃の実家、オールソープ

もう一つ、日本で有名なカントリー・ハウスという
ダイアナ元妃の父である、スペンサー伯爵の館「オール
ソープ」が挙げられるだろう。ここは3回撮影で訪ねた
ことがあり、一度はダイアナ妃の父上（第8代スペンサー
伯爵）にもお目にかかった。オールソープでの見ものは、
18世紀の画家による肖像画のコレクションで、ルーベ
ンスの作品もあった。

第8代スペンサー伯爵の死後、ダイアナ元妃の義母に
当たるレインがわずか24時間で屋敷を去り、直後に再
婚、オールソープにあった多くの美術品が失われたこと
に周囲の人々は啞然としたという。

6│ナショナル・トラストの役目

イギリスのカントリー・ハウスには、ナショナル・トラ
ストによって管理されているところも数多くある。ナシ
ョナル・トラストが管理することの一番の目的は、その
カントリー・ハウスのある土地がほかの用途に使われな
いように環境を保全することで、持ち主である貴族はそ
の館にそのまま居住していることもある。しかし人が住

んでいない館もあり、そういった館は没落した貴族の家であることが多い。

館をナショナル・トラストに明け渡す以前には、館内の家具、絵画、装飾品を処分していることが多く、公開するために後から装飾品を買いそろえても、ちぐはぐな印象となる。数多くのカントリー・ハウスを撮影し続けてくると、そんな館は一目でわかるようになってくる。実際に貴族が居住し続けている館は、撮影のために朝訪ねていくとトーストを焼くよい香りがしたり、前夜飲みかけた赤ワインのグラスがそのまま残っていたりして、空間の魅力がまるで違う。

7│日本人の目から見た東洋趣味

カントリー・ハウスの本はイギリスではたくさん出版されているが、取材撮影を始めた当初は日本ではほとんど出版されていなかった。そこで思ったのはイギリスで出版されているカントリー・ハウスの本とはひと味違った本にしたいということである。写真も、日本人の私が撮影するのだから、日本人ならではの視点でカントリー・ハウスという文化を紹介したいと感じていた。また、イギリスは日本の近代化の模範となった国でもあり、尊敬の念もある。

実際、多くのカントリー・ハウスを訪ねると、中国の景徳鎮や日本の有田の磁器製の壺、皿、花瓶、食器などが多く見られ、漆塗りの箪笥、衝立てなどで装飾された部屋があり、18世紀から19世紀の初めにかけてはシノワズリ＝中国趣味の大流行があった。カントリー・ハウスの邸内にはチャイナルーム＝磁器収蔵室があり、18世紀に中国の窯に注文して作らせた紋章入りの食器セットが眠っていたりもする。

中国趣味の壁紙や家具で装飾されたチャイニーズ・ルームのある館も多く、これらは日本人である私が見ても興味深いものだった。この時代の東洋趣味は、貴族たちの憧れでもあり教養でもあったようだ。

8│高貴なる者の責務

これらの城館の取材が始まって2年くらい経ったとき、普段のようにヒースロー空港から取材先のB&Bに直行せず、ロンドンの中心部にある「オックスフォード＆ケンブリッジ・クラブ」に1泊することになった。ロンドンのタクシードライバーには驚嘆させられた。行き先を告げると「イエス」と答え、外にクラブのプレートも出ていないのに迷わず案内してくれた。

フロントで名前を告げると、「朝の紅茶は何時にしますか」と尋ねられ、「では、7時に」と答えると、翌朝ベッドの上に紅茶と朝食がセットされていた。

地下には貴族のスポーツとされるスカッシュのジムがあった。また、バーも古くは男性のみの場所だったが、現在は女性でも人ることができる。

次の日の朝、改めて玄関ロビーの壁面に気づいたのだが、20世紀の二度の世界大戦で戦線に散った人びとの写真がところ狭しと掛けられ、その数の多さに驚きを禁じえなかった。

国家や共同体に災害や戦争などの緊急事態が発生した時には、わが身の危険を顧みずまず先頭に立って解決に当たるという伝統がある。二度の大戦においても上流階級の戦死者比率は庶民のそれをはるかに超えていたという。

今日、カントリー・ハウスは貴族の特権的な所有物と思われながらも、維持や所領の管理などに莫大な費用をかけてその文化資源を存続させているという点からも、一般人からもその存在と営みは尊重されていることがわかる。

イギリス人の「ノブレス・オブリージュ＝高貴なる者の責務」は営々と続いているのだ。

収録城館の所在地

Scotland スコットランド

1 Abbotsford House アボッツフォード・ハウス
2 Blair Castle ブレア・カースル
3 Blairquhan Castle ブレアファン・カースル
4 Cawdor Castle コーダー・カースル
5 Culzean Castle カレイン・カースル
6 Dalmeny House ダルメニー・ハウス
7 Drumlanrig Castle ドゥラムランリグ・カースル
8 Dunrobin Castle ダンロビン・カースル
9 Floors Castle フローズ・カースル
10 Glamis Castle グラミス・カースル
11 Hopetoun House ハウプトン・ハウス
12 Inveraray Castle インヴェラリー・カースル
13 Kinross キンロス
14 Manderston マンダーストン
15 Mount Stuart House マウント・ステュアート・ハウス
16 Thirlestane Castle シアレステン・カースル
17 Traquair House トラクウェア・ハウス

England イングランド

1 Adlington Hall アドリントン・ホール
2 Althorp オールソープ
3 Belvoir Castle ビーヴァー・カースル
4 Blenheim Palace ブレナム・パレス
5 Bowood House ボウッド・ハウス
6 Burghley House バーリー・ハウス
7 Castle Drogo カースル・ドロゴ
8 Castle Howard カースル・ハワード
9 Chatsworth チャッツワース
10 Drayton House ドレイトン・ハウス
11 Haddon Hall ハドン・ホール
12 Harewood House ハーウッド・ハウス
13 Hatfield House ハットフィールド・ハウス
14 Highclere Castle ハイクレア・カースル
15 Holkham Hall ホルカム・ホール
16 Houghton Hall ハウトン・ホール
17 Kedleston Hall ケドルストン・ホール
18 Little Moreton Hall リトル・モートン・ホール
19 Longleat House ロングリート・ハウス
20 Nostell Priory ノステル・プライオリ
21 Osterley Park オスタリー・パーク
22 Ragley Hall ラグリー・ホール
23 Syon House サイアン・ハウス
24 Wilton House ウィルトン・ハウス
25 Woburn Abbey ウーバーン・アビー

The Country House

英国貴族の城館

Adlington Hall
アドリントン・ホール
オルガンを備え、音楽をテーマにしたグレイト・ホール

●サクソン時代の狩猟館が起源で、ノルマン・コンクェスト(1066)後は
フランスのノルマンディ公領から渡来したノルマン人の支配が続き、1221年に王領となった。
●ヘンリー3世(在位1216-72)の治世にヒュー・ド・コローナの手に渡り、
その孫娘がジョン・ド・レフと結婚したことによってレフ家のものとなった。
現在の邸宅は、グレイト・ホール(1480-1505)を中心とした
テューダー朝様式の部分(東翼棟のみ現存)、
および、ジョージ様式の西翼棟(1740年代)の二つの部分からなる。

●東翼棟

●ジョージ様式のエントランス

●ライブラリー

●グレイト・ホール

●グレイト・ホールのハンマービーム

[Page 19]　　　グレイト・ホール(大広間)。バロック様式の壁画や暖炉がみられる。
[Page 20]　　　グレイト・ホールの17世紀に設けられたオルガン。壁画のテーマも音楽である。
[Page 21]　　　グレイト・ホールの木造ヴォールト。格天井(ごうてんじょう)の格間(ごうま)には紋章があしらわれている。

19

21

Althorp
オールソープ
池の中洲に眠る故ダイアナ妃の実家

●1508年にジョン・スペンサーが購入して以来、スペンサー伯爵家が継承してきた。
当初は、赤煉瓦で建設された16世紀のテューダー朝様式の邸宅だったが、
1662年に初代サンダーランド伯爵の寡婦ドロシーにより
中庭に屋根がかけられてホールが設えられ、オーク製の階段も設置された。
●全体も18世紀に建築家ヘンリー・ホランドがジョージ様式で改築している。
現当主の第9代スペンサー伯爵の姉が故ダイアナ妃(1961-97)で、
廐舎がその記念館に改装され、妃自身もカントリー・ハウス付近の池の中洲に埋葬されている。

●本館裏

●廐舎の円柱越しに本館北東面を望む

●エントランスのペディメント

●ライブラリー

●ライブラリー

●ライブラリー

[Page 23]	オーク製の大階段を備えたホール。
[Page 24-25]	ホールのトリビューン(2階廊)はヴォリュート(渦巻装飾)によるコンソール(持ち送り)によって支持されている。
[Page 26-27]	新古典主義による天井装飾を備えたライブラリー。デスクの上には故ダイアナ妃の写真もみられる。
[Page 28]	ライブラリー。右方に本棚上方の本を取るための仕掛けがみえる。
[Page 29]	新古典主義のテーブル上には、ケンブリッジ公爵ウィリアムを抱く故ダイアナ妃の写真がみえる。故ダイアナ妃は離婚後もウェールズ大公妃のタイトルを保持した。大公(プリンス)とは王号を持たない君主のタイトルであり、プリンス・オヴ・ウェールズ(ウェールズ大公)はウェールズの君主の称号だったが、ウェールズはエドワード1世によりイングランドに併合され、その後、イングランド王位継承者のタイトルとなった。
[Page 30-31]	ファサード中央にペディメントを頂いた四柱式神殿をかたどった造形を配しており、パラーディオ主義の影響をみせる。一方、この中央部から両翼に徐々にせり出していく造形はバロック的である。

$\mathcal{B}elvoir\ \mathcal{C}astle$
ビーヴァー・カースル
「素晴らしい眺望」という名のゴシック・リヴァイヴァルの城館

●ヘイスティングズの戦い(1066)で旗手を務めたロベール・ド・トデーニが
ウィリアム1世征服王(ノルマンディ公ギヨーム2世でもある)から賜った
領地の高所に1067年から建設した城塞。
●1464年には内乱で大きな被害を被り荒廃したが、1520年代に再建された。
1649年には議会派によって破却され、1654年以降、軍事的な機能を持たない形で再々建された。
今日みられる城館は、1801年から1832年にかけてジェイムズ・ワイアットが
第5代ラトランド公爵夫妻のために設計・建設したリージェンシー時代のものである。

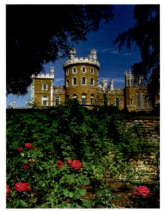
●城館外観

●チャイニーズ・ルーム

●ガード・ルーム(衛兵の間)

●キッチン

●ワインセラー

[Page 33]	ゴシック様式では複数の円弧を組み合わせて上端を尖らせた尖頭アーチが用いられており、とくに上端部で円弧が反転して炎の尖端のような形をしたものは14世紀末以降の後期ゴシックの特徴で、フランボワイヤン様式ともいう。「フランボワイヤン」は炎を意味するフランス語「フランボー」に由来する。ここでみられるのは19世紀のリヴァイヴァルである。
[Page 34-35]	キングズ・シッティング・ルーム(王の着座の間)。壁面にシノワズリー、すなわち、東洋趣味的な木と鳥がみられる。ジョージ4世を喜ばせたという。
[Page 36]	チャイニーズ・ルーム(中国の間)。シノワズリーによる陶製シャンデリア。
[Page 37]	チャイニーズ・ルーム。清朝絵画が壁面に施され、陶製の時計が暖炉の上に置かれている。
[Page 38-39]	現在のビーヴァー・カースルのほとんどはジェイムズ・ワイアットによる19世紀初頭のゴシック・リヴァイヴァル建築である。大きくあいた窓に軍事建築ではない邸宅建築としての性格がうかがえる。手前には16世紀以降の築城形式によるバスティオン(稜堡)をかたどったテラスがみられる。

Blenheim Palace
ブレナム・パレス
イギリス首相ウィンストン・チャーチルの生家

●1704年8月13日、初代マールバラ公爵率いるイングランド・オーストリア連合軍が、
ドイツ・バイエルン地方の小村ブリントハイムでフランス・バイエルン連合軍を破った。
公爵がこの戦功により拝領したのが戦いの地にちなむ名を持つブレナム・パレスであり、
1705年から1722年にかけて建設された。
●第2次世界大戦時のイギリス首相ウィンストン・チャーチル(1874-1965)は
第7代マールバラ公爵の孫にあたり、
このブレナム・パレスの正面向かって右側の階段のあたりにある部屋で誕生している。

●正面ファサード

●西翼棟ファサードと泉水

●ロング・ライブラリー

●オルガン

[Page 41]	玄関にあたるグレイト・ホールの天井画には、この城館の由来であるブリントハイムの戦いに臨む初代マールバラ公爵らが神話的な装いで描かれている。背景には戦いでの勝利を示すように「凱旋門モチーフ」による門が描かれているが、銘板を配するアティック・ストーリーはない。
[Page 42-43]	トロンプ・ルイユの技法でコンポジット式オーダーによるポルティコが描かれ、そこから人々がサルーンを見ている。中央の開口部の向こうにはアンフィラードの手法で広間が並んでいる。
[Page 44-45]	セカンド・ステイト・ルーム(第二の盛儀広間)にはブリントハイムの戦いの様子を描いたタペストリーが三面に掛かっている。
[Page 46-47]	フランス式庭園に面した西翼棟。1階にロング・ライブラリーがある。

Bowood House
ボウッド・ハウス
「酸素」の発見者、プリーストリーゆかりの館

●1754年にアイルランド貴族初代シェルバーン伯爵ジョン・ペティ＝フィッツモーリスが購入して以来、
ランズダウン侯爵家のカントリー・ハウスとなる。
第2代伯爵ウィリアムが首相を退いたあとに初代ランズダウン侯爵に叙せられた。
この第2代伯爵の代にロバート・アダムによりインテリアが大改装され、オレンジリー（オレンジ温室）も設けられている。
●1774年、このオレンジリーのアンティ・ルーム（控えの間）で
ジョゼフ・プリーストリーが酸素を発見したことでも知られる。
1972年から修復され、1975年に一般公開された。

●庭園内の人工の滝

●イギリス式庭園

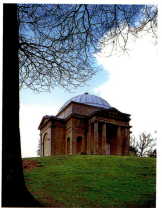
●ロバート・アダムの手になる霊廟

●オランジリーに至る
　グロテスク紋様の扉

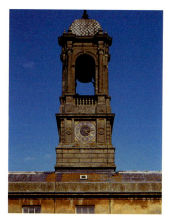
●未完成のチャペルの採光塔

[Page 49]　　　薔薇の美しい庭園の向こうにパラーディオ主義によるヴィッラ建築がみえる。
　　　　　　中央にペディメントを頂いた四柱式神殿風のポルティコがある。
[Page 50-51]　ライブラリーの暖炉の直上に第2代侯爵の肖像画がみられる。
　　　　　　アダムによる折り上げ格天井（ごうてんじょう）の格間（ごうま）には
　　　　　　ソフォクレスやアイスキュロスなど古代ギリシアの偉人がカメオ風に描かれている。

Burghley House
バーリー・ハウス
神々や天使が舞い遊ぶさまを描いた天国の間(ヘヴン・ルーム)

● 1555年から1587年にかけて、エリザベス1世の財務卿だったウィリアム・セシルが建てた
エリザベス1世様式初期のカントリー・ハウス。
● 17世紀後半、第5代エクセター伯爵ジョンの時代に
バロック様式の内装に改装され、とりわけ、アントニオ・ヴェリオによる
トロンプ・ルイユの壁画があるヘヴン・ルーム(天国の間)が著名である。
曾孫の第9代伯爵ブラウンロウは庭園を「ケイパビリティ」・ブラウンに委ね、
いわゆるパラディアン・ブリッジが際立つ風景式庭園となった。

●エントランス

●中庭

●磁器のコレクション

●1845年にヴィクトリア女王と王配アルバートが滞在したベッドルーム

[Page 53]　ヘヴン・ルーム(天国の間)では、天井と壁面をアントニオ・ヴェリオによる広大な絵画が覆っている。
　　　　　天井には古代神話の主神ユピテル(画面右上に雷霆だけがみえる)、
　　　　　壁面中央には海神ネプトゥーヌス(左手に三つ叉の矛を持っている)が描かれている。
[Page 54]　フォース・ジョージ・ルーム(第四のジョージの間)の天井画。
　　　　　テーブルを囲んでマルス、ミネルウァ、ユピテル、ユーノー、クピド、ウェヌスなどオリュンポスの神々が描かれる。
[Page 55]　グレイト・ホールの二重ハンマー・ビームで支えられた小屋組(こやぐみ)。
[Page 56-57]　かつては厨房の中央に牛1頭を焼くことができる大きな窯があったが、
　　　　　煉瓦で塞がれてオーブンや小さな窯に改装されている。厨房などのサーヴィスのための部屋は半地下となっている。
[Page 58-59]　建造年代からエリザベス1世様式と称してよいだろうが、
　　　　　大きな窓と3層構成のファサードはイタリア以外の諸国の初期ルネサンス建築に共通する特徴である。
　　　　　一方、屋上のトスカナ式円柱を模した煙突は本城館独特のデザインといえるだろう。
　　　　　トスカナ式円柱は1階中央入口の両脇にもみられる。

53

54

55

Castle Drogo
カースル・ドロゴ
ラッチェンズによる20世紀のカントリー・ハウス

●カントリー・ハウスとしては比較的新しく、建設されて1世紀ほどしかたっていない。設計者は20世紀前半のイギリスの代表的建築家エドウィン・ラッチェンズ(1869-1944)で、1911年から1930年にかけて、若き富豪ジュリアス・ドリューのために建てられた。

●ドリューは、The Home and Colonial Stores の創設者で、33歳で引退していたが、城館完成1年後の1931年に亡くなっている。5人の子がこの城館で育ち、3人の息子エイドリアン、バジル、セドリックは第1次世界大戦に出征した。エイドリアンは戦没している。

●礼拝堂南側ファサード

●ライブラリー

●ダイニング・ルーム

●ドローイング・ルーム

[Page 61]　半地下の厨房を採光する窓は浴場窓であり、ここに根強いパラーディオ主義への傾向がうかがえる。
[Page 62]　厨房(上)と浴室(下)。20世紀の城館なので水道設備は近代的である。
[Page 63]　室内も花崗岩の質感が支配的である。

Castle Howard
カースル・ハワード
ドームがそびえるバロック様式の精華

●1699年、イングランド貴族第3代カーライル伯爵チャールズ・ハワードは
その友人で、当時は劇作家だったジョン・ヴァンブラにカントリー・ハウスの設計を依頼した。
実務を補佐するのはニコラス・ホークスムアである。
設計は1702年まで続き、東側から西側へと建設が進んでいった。
●1726年にヴァンブラが亡くなったとき未完成であり、西翼棟はまだ建設されていなかった。
1738年に施主が亡くなったときも未完成で、
第4代伯爵はヴァンブラよりも保守的なパラーディオ主義的デザインを主体としたものに立ち戻らせた。

●四阿風の神殿

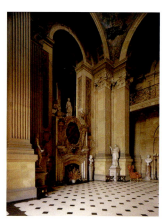
●グレイト・ホール（大広間）

●グレイト・ホールのドーム

●ヘンリー8世肖像画

●ベッドルーム

[Page 65]　　チャイナ・キャビネット。磁器類を収めたバロック様式の食器棚の直上には、ドリス式のエンタブレチュアがめぐらされており、全体に厳かな雰囲気が漂う。

[Page 66-67]　背面の南側ファサード。中央パヴィリオンの中央にペディメントを頂いた四柱式神殿をかたどった造形がみられ、端部パヴィリオンにはヴェネツィア窓もある。これらはパラーディオ主義建築の特徴である。

Chatsworth
チャッツワース
建築マニアの公爵も設計に加わったファサード

●ここにカントリー・ハウスを初めて構えたのは、16世紀のイングランドの女傑
シュルーズベリー伯爵夫人エリザベス・タルボット、通称「ハードウィックのベス」である。
●当時は建設に適さない湿地が悪条件となったが、
初代デヴォンシャー公爵ウィリアム・カヴェンディッシュの代に
現在のカントリー・ハウスが整えられ、1707年に完成した。
中庭を囲んだロの字形平面で、東棟と南棟は
当時の代表的な建築家の一人ウィリアム・トールマン(1650-1720)による。

●南翼棟ファサード

●温室

●木彫細工

●ステイト・ミュージック・ルームへの入口

●ステンドグラス

[Page 69]　公爵自身が設計したという説もあるパラーディオ主義的な西側ファサード。
中央にペディメントを頂いた四柱式神殿をかたどった造形を配し、
両脇は4本のイオニア式ピラスターで装飾している。

[Page 70]　ペインティッド・ホール(絵画の間)。正面に大階段があり、玄関ホールの機能を持つ。

[Page 71]　ペインティッド・ホールの天井画。フランス人画家ルイ・ラゲールによる。
天に座すユピテルを中心とするオリュンポスの神々が描かれている。

[Page 72-73]　ライブラリー。

[Page 74-75]　ステイト・ベッドルーム(盛儀寝室)とは、リ・ド・パラード(盛儀寝台、lit de parade:仏)の置かれた、
身分の高い客人を迎えるための寝室である。
ジョージ5世と王妃メアリーがチャッツワースに行幸したときに用いられた。インテリアはルイ14世様式による。

Drayton House
ドレイトン・ハウス
ノルマン諸侯の城塞がバロックの館に

●ノーサンプトンシャーのこの地は、ヘイスティングズの戦い(1066)で
武勲をあげたオーブレ・ド・ヴェールが賜って以来、
ド・ヴェール家が継いできた。13世紀初頭に家名をドレイトンと改めている。
●現在の城館の中で最も古い部分は、1300年頃、シモン・ド・ドレイトンが建設した。
1328年にクレノー建設許可を得ている。
クレノーとは、バトルメント(鋸歯形胸壁)の凹部、すなわち、矢を射るための狭間(さま)のことである。
1770年にはサックヴィル家が購入し、現在に至る。

●門

●正面ファサード

●ステアケース(階段室)

●グレイト・ホール(大広間)

●グレイト・ホール

[Page 77]　城館入口から主棟を望む。コリント式ハーフ・コラムが入口扉を縁取り、
直上にトロフィー(戦利品装飾)が施されている。さらに直上には紋章の両脇にヘルメス柱が配され、
それらが直接ブロークン・ペディメント(上端が破れたペディメント)を支えているようにみえる。
全体にバロック様式といってよいだろう。

[Page 78]　それぞれの踏面が壁面から延びる片持ち梁で支えられている。
手摺子(てすりこ)がねじり柱をかたどっている。

[Page 79]　天井と壁面がトロンプ・ルイユによる絵画で覆われている。

79

Haddon Hall
ハドン・ホール
中世のマナー・ハウスの面影を残す

- ハドン・ホールの歴史は12世紀にまでさかのぼり、中世の築城化されたマナー・ハウスの貴重な現存例である。
- 下郭(ロウアー・コートヤード)と上郭(アッパー・コートヤード)からなり、その間に1370年に建設されたバンケティング・ホールとスクリーンズ・パッセイジなどを含む主要部、上郭奥には14世紀後半のステイト・ベッドルーム(盛儀寝室)や「鷲の塔」などが残る。
- 16世紀半ば以降、ラトランド伯爵(第9代伯爵の代に公爵家となる)マナー家が継承し現在に至る。

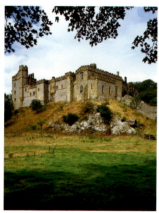
●外観

●ロング・ギャラリーの窓

●バンケティング・ホール

●礼拝室

●ダイニング・ルーム

[Page 81]	スクリーンズ・パッセイジへの入口から15世紀の北西の塔を望む。塔の直下に主要な城門がある。
[Page 82-83]	ロング・ギャラリー。コリント式風の柱頭を備えたオーダー風のピラスターで装飾されている。初期ルネサンス様式の特徴といってよいだろう。
[Page 84]	バンケティング・ホール。天井はなく、長く太い梁が屋根と小屋組を支持している。スクリーンズ・パッセイジの直上にミンストレル・ギャラリーがある。
[Page 85]	パーラー(談話室)のステンドグラス。右側にはエリザベス1世の紋章がある。伝統的なイングランド王家の3頭の獅子とフランス王家の3輪のフルール・ド・リス(百合の花)が組み合わせられており、フランス王位継承権を主張していたヘンリー4世の紋章を復活させたものである。

Harewood House
ハーウッド・ハウス
カリブ海貿易で財をなしたラッスルズ家の館

●ジョン・カーとロバート・アダムによって
1759年から1771年にかけて設計され建設された。
庭園は「ケイパビリティ」・ブラウンによる。
●施主はアンティル諸島の植民地のプランテーション経営で財をなし、
初代ハーウッド男爵となったエドウィン・ラッスルズである。
エドウィンも、初代ハーウッド伯爵となった従兄弟のエドワードも
英領バルバドスの出身である。

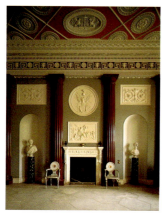
●エントランス・ホール

●ミュージック・ルーム

●メイン・ライブラリー

●プリンセス・メアリーのシッティング・ルーム

[Page 87]	エントランス・ホール。茶色のドリス式ハーフ・コラムやフリーズのメアンダー（雷紋）はグリーク・リヴァイヴァルの特徴である一方、天井のシャワーハットのようなスタッコ装飾は「ウェルム」といわれるもので、古代ローマ時代にコロッセウムの屋根として人力で張られた一種のテントを図案化したものである。
[Page 88-89]	長さ約23メートルのロング・ギャラリー。ティントレットやエル・グレコなどの名画コレクションを陳列している。天井装飾は新古典主義的である一方、端部にはヴェネツィア窓がみられ、パラーディオ主義の影響もみてとれる。
[Page 90]	下はオールド・ライブラリー。コリント式ピラスターや天井装飾とそのパステル調の色彩などにアダムのデザインの特徴が表れている。暖炉直上の半円形絵画には学問の女神ミネルウァ（アテナ）が描かれている。
[Page 91]	上はメイン・ライブラリー、下はシナモン・ドローイング・ルーム（シナモン色の貴賓室）。メイン・ライブラリーは、当初、サルーンだったが、チャールズ・バリーがマホガニー製の書棚を設けてライブラリーとした。アダムの天井装飾、暖炉と暖炉直上のスタッコ装飾は残っている。
[Page 92-93]	背面の庭園側ファサード。中央パヴィリオンのファサード中央部が少し突出しているがペディメントはなく、パラーディオ主義は正面ファサードよりも弱い。しかし、端部パヴィリオンにはヴェネツィア窓がみられる。

87

Hatfield House
ハットフィールド・ハウス
ヘンリー8世の子たちの思い出

●ここにはもともと、ヘンリー8世の「オールド・パレス」があり、
ここで3人の子、メアリー、エリザベス(のちのエリザベス1世)、エドワードが育った。
●1603年にエリザベス1世が亡くなり、
スコットランド王ジェイムズ6世がジェイムズ1世としてイングランド王に即位して、
ステュアート朝時代となったあとの1607年5月、ジェイムズ1世は初代ソールズベリー伯爵ロバート・セシルと
地所の交換を行い、ハットフィールドは伯爵の手に帰した。
カントリー・ハウスの建設は間をおかず実施され、1611年に完成した。

●エントランス・ファサード

●アーマリー（武具室）

●武器・武具はスペイン無敵艦隊
からの戦利品

[Page 95]　　　城館側から庭園側への錬鉄製門扉。
[Page 96-97]　赤煉瓦を主体に切石(きりいし)を隅石(すみいし)として用いてアクセントとしている。
　　　　　　　煉瓦の積み方はイギリス積みとフランドル積みの双方がみられる。
　　　　　　　城館の平面はフランスの邸宅建築のようなコの字形だが、中央にスクリーンズ・パッセイジを配し、
　　　　　　　正面からみて右手にマーブル・ホールを配するマナー・ハウスの伝統に則ったものである。
[Page 98]　　　マーブル・ホールの天井。格間のそれぞれに乗物を駆るオリュンポスの神々が描かれている。
　　　　　　　天井と天井画の様式はマニエリスム様式で、乗物と神々の組み合わせは
　　　　　　　フェッラーラのパラッツォ・スキファノイアの例が著名である。
[Page 99]　　　マーブル・ホール。床のチェッカー模様の大理石がその名の由来。
　　　　　　　写真正面の壁面はマニエリスム様式で、1層目にヘルメス柱、2層目にイオニア式の柱頭と
　　　　　　　さまざまな装飾を積層させたピラスターのようなものが施されている。
　　　　　　　マニエリスムの建築というよりもマニエリスムの家具を思わせるこのような装飾は、
　　　　　　　「ジャコビアン」(ジェイムズ1世様式)という言葉から連想される最も典型的なものだといえよう。
[Page 100-101]　60メートルに及ぶロング・ギャラリー。これだけ巨大なものは英国でも珍しい。
　　　　　　　18世紀、完成当時の天井は白い漆喰仕上げであり、装飾は典型的なジェイムズ1世様式である。
　　　　　　　19世紀に天井に金箔が貼られ、部屋全体が黄金に輝き豪華絢爛に変身した。

Highclere Castle
ハイクレア・カースル
TVドラマ『ダウントン・アビー』撮影の舞台

●現在の城館は1838年に第3代カーナーヴォン伯爵が大改装したものである。
ネオ・ゴシック様式による国会議事堂の平面設計をしたことで知られるチャールズ・バリーが手がけた
（ただし、ネオ・ゴシック様式のファサードはオーガスタス・ウェルビー・ノースモア・ピュージンによる）。
事業がおおむね完成したのは第4代伯爵の代の1878年のことだった。
●トゥト・アンク・アメン（ツタンカーメン）王墓の発掘で知られるジョージ・ハーバートは第4代伯爵の長男で、
1890年に第5代伯爵となった。ドラマ『ダウントン・アビー』の主人公たち
グランサム伯爵クローリー家の人々が住むカントリー・ハウスとして主要なロケ地となっている。

●エジプトの王家の谷から発掘されたミイラの棺

●ナポレオンがセント・ヘレナ島で使用していた机と椅子

●オランダ製のキャビネット

[Page 103]　パラーディオ主義による神殿の廃墟を模した庭園の四阿（あずまや）のコリント式円柱の列柱。
[Page 104-105]　水平装飾帯で仕切られた3層構成のファサードには、
全体ではないが端部パヴィリオンなどの要所にオーダーが適用されていて、
下からドリス式、イオニア式、コリント式のピラスターが積層したスーパーコラムニエーションがみられる。
柱身にみられる装飾も相まって初期ルネサンスのジェイムズ1世様式の趣がある。
[Page 106]　2層吹き抜けのヴィクトリアン・ゴシックのサルーン（広間）。
暖炉にも尖頭アーチが設けられている。その脇のデスクはオランダ製。
[Page 107]　2層吹き抜けのサルーンには大きなトップライト（天窓）が設けられている。
これは19世紀以降ならではの建築的仕掛けである。
[Page 108]　サルーンからアクセスするレッド・ステアケース（赤の階段室）。
サルーンとライブラリーとともに『ダウントン・アビー』のロケで最もよく使われた。
[Page 109]　大きなイオニア式円柱で仕切られたライブラリーの入口。
本棚にもバロック的なブロークン・ペディメント（上端が破れたペディメント）など古典主義的要素が施されている。
[Page 110-111]　ライブラリー。バロック様式の暖炉の直上に初代カーナーヴォン伯爵の肖像画がみられる。

Holkham Hall
ホルカム・ホール
古代ローマのバシリカを思わせるマーブル・ホール

●1734年から1764年にかけて、
ウィリアム・ケントの設計により初代レスター伯爵トマス・クックが建設した。
●伯爵は1718年まで大陸にグランド・ツアーに出かけており、
イタリアの古代建築やルネサンス建築への憧れを強めていったという。
設計者のケントと友誼を結んだのもそのときであり、
バーリントン卿とも知遇を得た。

●正面ファサード

●マーブル・ホール

●ダイニング・ルーム

●ライブラリーへと続く廊下

[Page 113]	ノース・ステイト・シッティング・ルーム（北の盛儀着座の間）。壁面全体に4枚のタペストリーが掛けられている。これらは17世紀末にブリュッセルのジェラール・ペーマンスによって制作されたもので、黄道十二宮を描いている。1759年にレディ・レスターが134ポンド10シリングで購入したもので、1910年に第3代レスター伯爵がここに掛けさせた。
[Page 114]	古代ローマの建築家ウィトルウィウスの『建築十書』第5書にもとづくバシリカ（ホール建築）を模したマーブル・ホール（大理石のホール）。アプスの階段を通ってピアノ・ノービレ（主要階）に至る。
[Page 115]	マーブル・ホール。じつはイオニア式円柱は大理石ではなくアラバスター製。古代ローマのバシリカに着想を得ているが、基壇上端の波形装飾と下端のメアンダー（雷紋）はグリーク・リヴァイヴァル的でもある。
[Page 116-117]	南側ファサード中央にペディメントを頂いた六柱式神殿風ポルティコを備えるが、当初予定されていた外部階段は設けられなかった。本館の端部パヴィリオンにはヴェネツィア窓もみられる。本館右側の付属棟が居住棟である。

Houghton Hall
ハウトン・ホール
イングランド初の本格的パラーディオ主義建築

●1721年に首相となった初代オーフォード伯爵ロバート・ウォルポールのために
1720年代に建設された。
イングランド初の本格的パラーディオ主義建築といわれており、
コリン・キャンベルとジェイムズ・ギブズが設計した。
内装はウィリアム・ケントによる。
●ウォルポールはイングランド有数の絵画コレクションをここに有していたが、
孫の第3代伯爵の代に借財のためにロシアの女帝エカテリーナ2世に売却せざるをえなくなった。

●正面ファサード

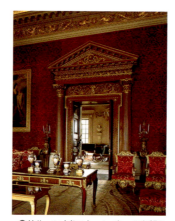
●サルーンよりストーン・ホールを望む

●ホワイト・ドローイング・ルーム
（白の貴賓室）

●大階段室最上階

●タピストリー・ドレッシング・ルーム

[Page 119]　　　ベルベットのカーテンで覆われた盛儀寝台。
　　　　　　　　ヘッドボードには真珠貝をかたどった浮彫が配されている。
[Page 120-121]　マーブル・パーラー（大理石の談話室）の天井。
　　　　　　　　イオニア式オーダーのコラムとエンタブレチュアの上には、
　　　　　　　　葡萄をかたどったスタッコ装飾の枠を備えたイタリア・バロック様式の天井画が設けられた。

121

Kedleston Hall
ケドルストン・ホール
ロバート・アダムの出世作

●領主はノルマン・コンクェストの時にイングランドに渡来した一族であり、
その家名カーズンは、もともと、クールソンというノルマンディの村の名に由来するという。
1720年代にはジェイムズ・ギブズによる新築案が持ち上がったが、当主の死で宙に浮いてしまった。
●その後、1758年に当主となったナサニエル（のちの初代スカーズデイル男爵）により、
1759年から設計、建設された。
当初はジェイムズ・ペインとマシュー・ブレティンガムによるパラーディオ主義建築だった。
この時、ロバート・アダムが庭園内の四阿（あずまや）を手がけており、
その才能を見込んだ施主ナサニエル・カーズンにより本館の建築家として抜擢され、新古典主義が導入された。

●南側ファサード

●サルーンの壁面

●アダム様式の天井

●アダム様式の天井

●ステイト・ドレッシング・ルーム（盛儀更衣の間）

[Page 123]　　南側ファサード中央に面したサルーン（広間）。
　　　　　　　四隅にニッチ（niche: 英）を配した円形平面の広間で、
　　　　　　　ローマのパンテオンのようなオクルス（ドーム頂点の円窓）を備えたドームを頂いている。
[Page 124-125]　北側ファサード中央に面したマーブル・ホール。コリント式の列柱が両脇にみられ、
　　　　　　　古代ローマのバシリカ（ホール建築）を思わせるローマン・リヴァイヴァルの内装である。
[Page 126]　　グリーク・リヴァイヴァル的なマーブル・ホールの暖炉とその直上の円形絵画。
　　　　　　　画題は円盤投げに興じるアポロンとその寵童ヒュアキントス。このとき、円盤が直撃して亡くなったヒュアキントスは
　　　　　　　ヒヤシンスに変身したという神話がオウィディウスの『変身物語』に載っている。
[Page 127]　　グランド・ステアケース（大階段室）。
　　　　　　　背後の壁面から延びる片持ち梁が踏面を支えており、手摺とともに繊細なデザインの階段である。

123

125

リトル・モートン・ホール

Little Moreton Hall

テューダー朝様式の美しいハーフティンバー建築

● チェシャーの有力な地主ウィリアム・モートンが
16世紀初頭に着工したマナー・ハウスで、17世紀初頭まで建設が続いた。
● いわゆるテューダー朝様式のハーフティンバー建築で、壁面の木部の模様が美しい。
写真は南側からの南翼棟の外観で、3階部分のすべてをロング・ギャラリーが占めている。

Longleat House
ロングリート・ハウス
イングランド最初期の本格的ルネサンス建築

● 1580年にはおおよそ完成したエリザベス1世治世下の代表的なカントリー・ハウス。
施主は初代サマセット公爵に仕えたジョン・シンで、ロバート・スミソンも関与したといわれるが、
施主自身がかなりの部分を設計したと思われる。
● 17世紀後半にクリストファー・レン、19世紀初頭にジェフリー・ワイアットヴィルの改装を経たが、
グレイト・ホールはエリザベス1世様式のままである。
現在に至るまでシン家が継承してきており、現在の当主は第7代バース侯爵アレグザンダー・シンだが、
実際の管理は次期当主が務めている。

●フォード池越しに見る正面ファサード

●ロング・ギャラリー

●ステイト・ドローイング・ルーム
（盛儀貴賓室）

●バスルーム

[Page 131]　　正門から南側ファサードを遠くに望む。完全左右対称のファサードだが、
　　　　　　　煙突などの屋上の工作物をみると平面はそうではないことがわかる。
[Page 132]　　エリザベス1世様式のグレイト・ホール。正面にはスクリーンとミンストレル・ギャラリーがみえる。
　　　　　　　スクリーンにはイオニア式ピラスター、ミンストレル・ギャラリーの腰壁にはヘルメス柱があしらわれ、
　　　　　　　初期イングランド・ルネサンスのマニエリスム的な特徴が表れている。
[Page 133]　　サルーンの暖炉とマントルピース。アトラス柱（男身柱）がエンタブレチュアを支えているようにみえる。
　　　　　　　第4代侯爵の希望に添って、
　　　　　　　ヴェネツィアのパラッツォ・ドゥカーレ（ドージェ［元首］の宮殿）のそれをコピーしたものである。

133

Nostell Priory
ノステル・プライオリ
グリーク・リヴァイヴァルのイオニア式オーダーが見事なライブラリー

●1122年に設立されたアウグスティヌス会の小修道院に源があり、
1540年にヘンリー8世によってトマス・リーに与えられた。
その後、さまざまな人々の手に渡ったが、1722年にローランド・ウィンが住むようになった。
1727年、ウィンがグランド・ツアーから帰国すると新たな邸宅の構想を始め、
1729年に地元の建築家ジェイムズ・モイザーが設計を請け負い、
その後ジェイムズ・ペインが建設を始めた。
●1765年に次代のローランド・ウィンが領地を継承すると、ロバート・アダムに事業を委ねた。

●パラーディオ主義によるファサード

●ステイト・ダイニング・ルーム（正餐室）

●ベッドルーム

●サルーン

●ライブラリーの隠し扉

[Page 135]　　　近代的なバスルーム。壁紙はシノワズリー風。
[Page 136]　　　上はステイト・ドレッシング・ルーム（盛儀更衣の間）、下はベッドルーム。
　　　　　　　　いわゆるアダム様式が顕著なのは前者で、寝台の両脇のイオニア式角柱と暖炉の装飾が特徴的である。
　　　　　　　　壁にはチャイニーズ・ウォールペーパーが貼ってある。
[Page 137]　　　上はサルーン、下はタペストリー・ルーム。

137

Osterley Park オスタリー・パーク
ロンドンからもほど近いロバート・アダムの傑作

●もともとは1570年代にトマス・グレシャムによって建設されたテューダー朝時代のマナー・ハウスだったが、1713年に当時の当主が破産し、銀行家フランシス・チャイルドの手に渡った。その孫の代の1761年にロバート・アダムが抜擢され、マナー・ハウスが大改装されることになったのである。
●なお、本作は正確にいうと領地経営の拠点たるカントリー・ハウスというよりは、富裕層の農村地帯における別荘のようなものだ。

●東正面

●ガーデン・ハウス（温室）

●グランド・ステアケース（大階段室）

●グロテスク紋様が施された暖炉

●イーティング・ルーム（食堂）

[Page 139]	エントランス・ホール。壁面はコリント式ピラスターがあしらわれ、その上には通常のエンタブレチュアではなく、メアンダー（雷紋）がめぐらされている。全体に装飾はグリーク・リヴァイヴァルだが、ニッチを備えたアプス（半円形平面の窪み）を左右に有する全体構成はローマン・リヴァイヴァル的だといえる。ここで晩餐会や舞踏会が開かれていた。
[Page 140]	グランド・ステアケース。壁面の鮮やかな青と浮彫の白のコントラストがアダムの色彩の特徴。装飾自体はグリーク・リヴァイヴァル的である。天井画はバロック様式によるが、壁面から延びる片持ち梁で踏面が支えられている階段は軽快であり、好対照をなす。2本のコリント式円柱が入口を仕切っている。
[Page 141]	ドローイング・ルーム（貴賓室）。壁面は金絹のダマスク織り、天井中央の楕円形の部分は桃色、青色、金色のダチョウの革で仕上げられている。
[Page 142]	エトラスカン・ドレッシング・ルーム（エトルリア風の更衣の間）。アダムのヨーロッパ周遊（1754-58）の成果が発揮され、とりわけ、ウィリアム・ハミルトンが所蔵していたエトルリアの壺から着想を得たという。
[Page 143]	ライブラリーの天井。古代ローマの宮殿建築に源を持つグロテスク装飾が採用され、ハルピュイア（上半身が女性、下半身が鳥）があしらわれている。

141

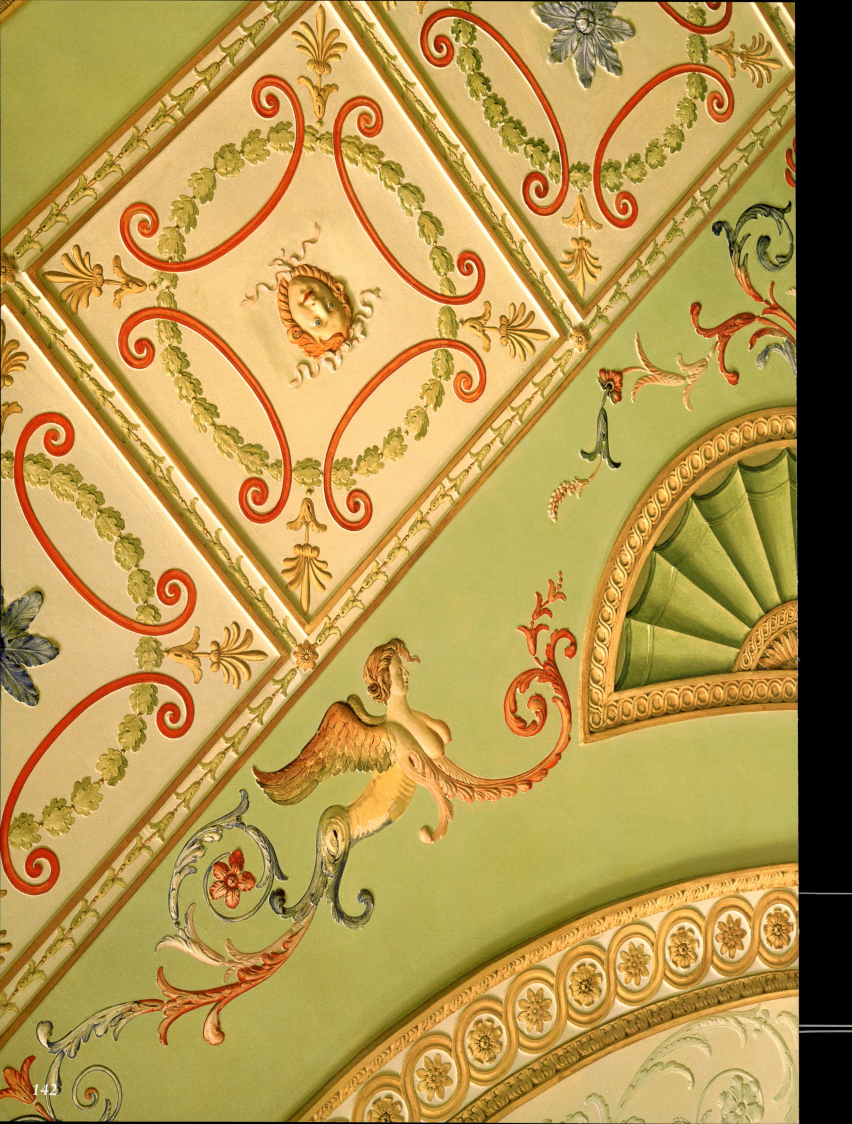

143

Ragley Hall
ラグリー・ホール
「フックの法則」の物理学者が設計

● もともと、ラグリーは711年にマーシア王によってイヴシャム大修道院に与えられた。
修道院は15世紀にここを売却し、購入者は城塞を建設した（現在の薔薇園付近）。
エリザベス1世治世下にウェールズのコンウィ城主ジョン・コンウィが婚姻のために
アローに移ってきたときにラグリーを購入している。

● そして1680年、初代コンウィ伯爵となる孫がロバート・フック（1635-1703）に新城館の設計を依頼した。
フックは建築家としてよりも物理学者として有名で、「フックの法則」の提唱者である。
本作は彼の邸宅建築で唯一現存する作品だ。

● 庭園と小麦畑
バルコニーより望む

● 城館遠景。ファサード

● レッド・サルーン（赤の間）の天井

● スタディ・ルーム（書斎）

[Page 145]　ブルー・ルーム（青の間）。ロココ様式のパネル装飾もみられるが、奔放というよりは折り目正しく配置されている。
[Page 146-147]　『新約聖書』の「マタイによる福音書」から、
悪魔の誘惑を退けるキリストが聖霊を表す白い鳩とともに天井中央に描かれている。
トロンプ・ルイユの技法で階段の手摺と同じデザインの欄干が描かれ、その向こうに一族の人々が描かれている。

Syon House
サイアン・ハウス
未完のロバート・アダムの代表作

●1415年、ヘンリー5世治世下にビルギッタ会の大修道院がこの地に建立された。
1539年、ヘンリー8世治世下の大修道院解散令によってサイアンは王の管理下となり、
その後、サマセット公爵エドワード・シームアへ、
さらに1594年、婚姻により第9代ノーサンバーランド伯爵ヘンリー・パーシーの手に渡った。
●現在の城館はこの時代にあらかた整備された。
1750年には初代ノーサンバーランド公爵となるヒュー・スミソンとその妻エリザベスが継承し、
庭園の改装を「ケイパビリティ」・ブラウン、内装の改装をロバート・アダムに依頼した。

●初期イングランドルネサンス様式のファサード

●アンティ・ルームの天井

●レッド・ドローイング・ルームの天井

●ロング・ギャラリー

[Page 149]　レッド・ドローイング・ルーム(赤の貴賓室)。深紅色の絹が壁面に張られているのでこの名がある。
ロング・ギャラリーの控えの間として構想された。左手の暖炉は小さいながら
正確なディテールを備えたコリント式円柱を両脇に備え、
新古典主義といってよい。正面の扉口もコリント式ピラスターを両側に施されている。

[Page 150]　アンティ・ルーム(控えの間)。壁面全体にイオニア式のデタッチド・コラム(壁前柱)が12本並んでいる。
フリーズのパルメット紋様やイオニア式の柱頭の装飾はグリーク・リヴァイヴァル的である。
その直上に張り出したエンタブレチュアには古代神話の神々の金色の彫像が載っている。

[Page 151]　アプス(半円形平面の窪み)を備えた2層吹き抜けのグレイト・ホールは古代ローマのバシリカ(ホール建築)に着想を得たものである。
アンティ・ルーム側にはローマ風ドリス式円柱の列柱がみられ、全体にドリス式エンタブレチュアがめぐらされている。
写真はアンティ・ルーム側の立面で、中央には古代彫刻の傑作「瀕死のガリア人」の
ヴァラディエによる模刻ブロンズ像が設置されている。床はチェッカー模様を描く大理石製である。

Wilton House
ウィルトン・ハウス
イングランド初の建築家による幾何学的設計

●1544年、ヘンリー8世がウィリアム・ハーバートにこの地を与えた。その後、1551年にウィリアムは初代ペンブルック伯爵となっている。この爵位は12世紀のペンブルック伯ド・クラール家にちなむもので、ウェールズの封土ペンブルックと結びついていたが、その後は封土とのつながりは失われた。
●ウィリアムの叙爵は10回目のペンブルック伯爵家創設になり、彼が8回目に創設された初代ペンブルック伯爵の庶子であることによる。以来、ウィルトン・ハウスはこの家系に継承され、現在の当主は18代目である。現在の城館はイニゴ・ジョーンズによって1640年に整備された。

●東側ファサード

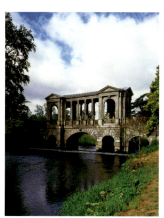
●パラディアン・ブリッジ

●パラディアン・ブリッジ上屋の内部

●シングル・キューブ・ルーム

●ダブル・キューブ・ルーム

[Page 153]　ダブル・キューブ・ルームことグレイト・ダイニング・ルームの天井画。中央には楕円形の絵画が配され、パンテオンのようなトップライトの空いたドームが描かれている。スタッコ装飾で縁取られていることも含めて、イタリア・バロック様式といってよい。
[Page 154]　ネオ・ゴシック様式のリブ・ヴォールトを持つロング・ギャラリー。
[Page 155]　シングル・キューブ・ルームの天井画。中央の天井画にはダイダロスの息子イカロスの墜落が描かれている。第4代ペンブルック伯爵は英国革命（清教徒革命）において議会派であり、この画題はチャールズ1世の失脚を思わせる。

155

Woburn Abbey
ウーバーン・アビー
エリザベス1世の「アルマダ・ポートレイト」で著名

●その名のとおり、かつてはシトー会の修道院だったが、ヘンリー8世の修道院解散令の後、
ヘンリー8世治世下におけるその外交上の貢献に応えて、
エドワード6世が1547年にジョン・ラッセルに下賜した。
ジョンは1550年、初代ベッドフォード伯爵となる。
その後、第5代伯爵ウィリアムは初代ベッドフォード公爵となり、
現当主の第15代公爵アンドリューまでウーバーン・アビーはラッセル家が継承してきた。
●現在の城館は第4代公爵の代にヘンリー・フリットクロフト(1697-1769)らによって設計され建設された。

●東側ファサード

●グロット(洞窟:伊)装飾

●磁器コレクション

●「アルマダ・ポートレイト」

[Page 157]	グロットのヴォールト。チャネル諸島産のアワビの貝殻が敷き詰められて一種のモザイク装飾を形成している。
[Page 158-159]	グロット全景。天井は交差ヴォールトとなっている。
[Page 160]	ロング・ギャラリー。コリント式円柱によって3部分に分かたれている新古典主義のギャラリー。エリザベス1世の「アルマダ・ポートレイト」はここに掲げられている。
[Page 161]	ロング・ギャラリーの「アルマダ・ポートレイト」(1588)。海洋と新世界の支配権を表すように女王の右手は地球儀に置かれ、女王の背後の左側にはイングランド海軍の火船戦法に翻弄される「無敵艦隊」、右側には嵐で転覆していく同艦隊を描いた絵が配置されている。
[Page 162]	ヴィクトリア女王の寝室。1841年にヴィクトリア女王が盛儀寝室に泊まって以来、この名で呼ばれる。内装はバロック様式といえるだろう。
[Page 163]	レイノルズ・ルーム。ジョシュア・レイノルズ(1723-92)の作品が展示されているのでそう呼ばれている。右手にはレディ・エリザベス・ケッペルの大肖像画(1761)、暖炉の上には第4代公爵ジョンの肖像画が掛かっている。
[Page 164]	東側に向いた正面ファサード。当初は主棟はロの字形平面だったが、第2次世界大戦直後には東棟のすべてと南棟、北棟の東側の半分は荒廃しており、その後、取り壊されて現在に至っている。従って、本来の正面ファサードは存在しておらず、現在の東側正面はかつては中庭に面していた。

163

Abbotsford House
アボッツフォード・ハウス
サー・ウォルター・スコットの夢の家

●歴史小説家ウォルター・スコットが1811年5月に購入したとき、小さな農家があるだけだったが、
その後の数年間で敷地が110エーカー(約44ヘクタール)から
1400エーカー(約570ヘクタール)に拡大され、
3期にわたって建設事業(1817–19、1822–25、1850年代)が行われて、現在のような城館となった。
●主要な建築家はウィリアム・アトキンソンで、内装はエディンバラのデイヴィッド・ラムゼー・ヘイによる。
建築家エドワード・ブロア、家具製作のジョージ・ブロック、スコットの友人の
アマチュア芸術家ジェイムズ・スキーンや俳優ダニエル・テリーらも協力した。

●サー・ウォルター・スコットの愛したガーデン

●スタディ・ルーム
サー・ウォルター・スコットの仕事机

●ドローイング・ルーム

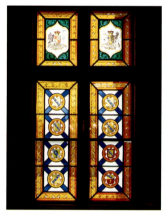
●ステンドグラス

[Page 167] チャイニーズ・ドローイング・ルーム(中国風貴賓室)。壁面に清国製の手描き壁紙が施され、
暖炉の上にはヘンリー・レイバーンによるスコットの肖像画(1809)が掛かっている。
1823年にはスコットランドで初めてガス灯が入った。
[Page 168–169] エントランス・ホール。
左手の暖炉は付近のメルローズ大修道院跡の大修道院長座に着想を得ているという。
[Page 170–171] ライブラリー。グリム兄弟から贈られた童話集など、欧米の著名な作家からの献本も多い。
書棚や暖炉に垂直式ゴシックの浅い尖頭アーチがみられる。
[Page 172–173] アボッツフォード・ハウスを東側から望む。
中世後期の城館建築のような趣のスコティッシュ・バロニアル様式の城館である。
正面にみえる城塔を含む隅部1階にスコットのスタディ・ルーム(書斎)があり、
その左手にエントランス・ホール、右奥にライブラリーがある。

169

Blair Castle
ブレア・カースル
ジョージ時代に白亜の館となる

●本城館最古の部分はコミンの塔で、1269年までさかのぼるという。
1530年には増築が行われ、グレイト・ホールが設けられた(のちのダイニング・ルーム)。
●18世紀になり、第2代アソル公爵のときの1740年、
中世城塞はジョージ様式の邸宅へと生まれ変わった。
第7代公爵の時の1860年代から1870年代にかけて改装され、
ヴィクトリア時代のネオ・ゴシック的な傾向が反映されている。
『女王ヴィクトリア 愛に生きる』第2シーズン第7話でロケ地となった。

●南側から外観を望む

●南西からの眺め
700年以上かけて増改築がなされた

●ピクチュア・ステアケース

●ドローイング・ルーム

[Page 175]	エントランス・ホールに隣接するピクチュア・ステアケース(絵画の階段室)。天井や壁面の仕上げは1845年になされた。一族の肖像画が並んでおり、右手にみえるのは画家トマス・マリーによる初代アソル公爵ジョンの肖像画(1705)。
[Page 176]	バロック様式のピクチュア・ステアケースの最上階。右手に古代ローマ風の装いの初代アソル侯爵ジョン・マリー(1631-1703)の肖像画が掛けられている。その左には木製パネル上にトロフィー(戦利品装飾)が彫られている。
[Page 177]	エントランス・ホールは北東側に面している。1872年にデイヴィッド・ブレイスによってバロニアル様式で改装された。スチュアート朝の復位を図るジャコバイトの乱(1745-46)におけるカロデンの戦いで用いられた武具が展示されている。
[Page 178]	ダイニング・ルーム(食堂)の暖炉とマントルピース。16世紀のグレイト・ホールを第2代公爵の代にジョージ様式のダイニング・ルームに改めたもの。トマス・クレイトンによりスタッコ装飾が施され、暖炉上にはトロフィーがみられる。
[Page 179]	南西側ファサード中央に面したダイニング・ルーム。絵画の額縁も含めてクレイトンによる全体的なスタッコ装飾が施された。扉口はペディメントとドリス式のエンタブレチュアを頂き、ドリス式ハーフ・コラムで縁取られている。
[Page 180-181]	南側からの外観。外観が白く簡素なのはジョージ時代の改装の名残である。

Blairquhan Castle
ブレアファン・カースル
エリザベス2世を描いた映画『クィーン』のロケ地

●本城館の歴史は1346年にマクウォーター家によって建設されたタワー・ハウスに始まる。
1573年には婚姻によって継承したケネディ家が増築を行い、
1622年頃にはホワイトフォード家の手に渡った。
●だが、現在みることができる建築物を建設したのは、
1798年に本城館を購入したデイヴィッド・ハンター＝ブレアである。
1821年に着工し、1824年に完成した。一般公開されるようになったのは1970年からであり、
2006年の英仏伊合作映画『クィーン』でもロケ地となった。

●サルーン（広間）

●ダイニング・ルーム

●ライブラリー

●レッド・ベッドルーム

●ワイン・セラー

[Page 183]　　西側からの外観。南側ファサードに車宿りとなる玄関ポーチがついている。
　　　　　　　このあたりは19世紀以降の邸宅建築の特徴といえる。
[Page 184-185]　庭園と温室。温室はすでにガラス張りの近代的なものとなっている。

Cawdor Castle
コーダー・カースル
スコットランド独自のタワー・ハウスから始まった館

●1179年、スコットランド王ウィリアム1世獅子王(在位1165-1214)は、
インヴァネスとエルギンを結ぶ海岸沿いの街道を制するべく、
海に近いネアーン川の中洲を見下ろす場所に城塞を築いた。
この城塞は残っておらず、14世紀末に新たな敷地に城塞が建設された。
●屋根裏を除いて4階建ての長方形平面のタワー・ハウスで、
防禦のため、出入口は2階に設けられていた。
以来、現在に至るまでコーダー家の居城となっている。

●南側のフラワーガーデン

●タワー・ハウス

●跳ね橋と城門

[Page 187]　　　左手奥に当初のタワー・ハウスがみえる。四隅に突出したターレット(小塔)が配され、
　　　　　　　　ターレットの間にはマシクーリ(石落とし)を持つブルテーシュ(張り出し櫓のようなもの)もある。
[Page 188-189]　南側には幾何学式庭園が広がりさまざまな花壇がみえる。
[Page 190]　　　タペストリー・ベッドルーム(タペストリーの寝室)。17世紀にグレイト・ホールの上部に設けられた。
　　　　　　　　1662年にヒュー・キャンベルとレディ・ヘンリエッタ・ステュアートが結婚した際の寝台が置かれている。
[Page 191]　　　ドローイング・ルーム(貴賓室)。17世紀にグレイト・ホールから改装された。
　　　　　　　　1684年にコーダー家の紋章入りの暖炉が増設されている。
　　　　　　　　壁面にはジョシュア・レイノルズやトマス・ローレンスなどの画家による一族の肖像画が掛かっている。
[Page 192]　　　ダイニング・ルームの暖炉。石造の暖炉自体は1671年4月13日に設置されたが、
　　　　　　　　その際、当主を含む24名の作業員に被害がおよぶ事故があったという。
　　　　　　　　紋章や銘文は1510年のアーガイルのジョン・キャンベルとのミュリエル・コーダーの結婚を記念したものである。
[Page 193]　　　ダイニング・ルームの天井はテューダー朝様式。

192

Culzean Castle
カレイン・カースル
ロバート・アダムによる壮麗なオーヴァル・ステアケース

●グラスゴー南方のスコットランド西岸に位置する。
イングランドに対してスコットランド独立を守ったことで知られる王
ロバート1世(ロバート・ブルース、在位1306-29)の裔である
スコットランド貴族カシリス伯爵ケネディ家の居城であり、
現在の城館は1775年に第10代伯爵デイヴィッドが継承したあと、
1777年からロバート・アダムが改装したものである。
1792年に竣工したが、施主もアダムもその前に亡くなっている。

●外観。東南側から望む

●外観。北西側から望む

●トップライト(天窓)のドーム下

●ベスト・ベッドルーム

[Page 195]　　　　アーマリー(武具室)。
[Page 196]　　　　城館のほぼ中央に位置する楕円形平面の3層吹き抜けのオーヴァル・ステアケース(楕円形平面の階段室)。
　　　　　　　　壺をあしらった手摺子のデザインが新古典主義的。
[Page 197]　　　　2階はコリント式列柱が楕円形平面をかたどっている。
　　　　　　　　ロバート・アダムの作品の中でもトップライト(天窓)から採光する劇的な空間演出が際立つ。
[Page 198]　　　　写真右手に海を望むラウンド・ドローイング・ルーム(円形平面の貴賓室)。
　　　　　　　　アダム様式による天井装飾とカーペットの紋様が対応している。
　　　　　　　　天井装飾にはウェルムとエヴァンタイユ(扇形装飾)がみられる。
[Page 199]　　　　新古典主義的な暖炉とロココ様式の鏡の組み合わせ。
[Page 200-201]　　海に面した外観。海の向こうには、アイルランドの北東に位置するアラン島がある。

195

Dalmeny House
ダルメニー・ハウス
伯爵自慢のナポレオン・コレクション

●エディンバラ西の郊外に位置し、北東にフォース湾を望む立地である。
1490年までさかのぼるスコットランド貴族ローズベリー伯爵プリムローズ家の居城で、
現在の城館は第4代伯爵の代、
1817年に竣工したテューダー朝様式のネオ・ゴシック建築である。
設計したのは第4代伯爵の大学時代の友人である建築家ウィリアム・ウィルキンズだ。
●伯爵家からはイギリス首相も出ており（第5代伯爵アーチバルド・フィリップ、在職1894-95）、
現在は第7代伯爵が暮らす。

●南側から城館を望む

●ドローイング・ルーム（貴賓室）の
ライティング・ビューロー

●ライブラリー

●ドローイング・ルーム

[Page 203]	後期ゴシック様式のファン・ヴォールティング（扇形ヴォールト仕上げ）がみられる。尖頭アーチの形も後期ゴシックの垂直式である。
[Page 204]	2層吹き抜けのエントランス・ホール。ステアケース（階段室）も兼ねていて、壁面には一族の肖像画が飾られている。
[Page 205]	エントランス・ホールの上部にはハンマー・ビームによる小屋組がみえている。尖頭アーチも垂直式ゴシックによる。
[Page 206-207]	第5代伯爵によるナポレオン・コレクションが陳列されている。広間自体の装飾は簡素だが、カーテンレールの装飾は新古典主義的である。

Drumlanrig Castle
ドゥラムランリグ・カースル
ブリテン島最大級の公爵の城

●14世紀に第2代ドゥラムランリグ伯爵ウィリアムが獲得して以来、
ダグラス家の居城となった。
1684年には当時の当主ウィリアムが初代クイーンズベリー公爵となり、
現在の城館は、公爵の居城にふさわしいものとして、この時に建設された。
●その後、第4代公爵に嗣子なく、チャールズ2世の曾孫にあたるフランシス・スコットと
第4代公爵の父の従妹ジェーンの間の孫ヘンリー・スコットが
1810年に第5代公爵を継いでおり、現当主の第12代公爵はその直系の子孫である。

●南側正面

●北側正面部分

●レンブラント「読書する女性」

●南側庭園の花壇

[Page 209]　1697年に設置されたオーク・ステアケース（オーク製階段室）。その柱や手摺子がねじり柱形になっているのは、
第2代公爵がグランド・ツアーでみたローマのサン・ピエトロ使徒座聖堂のバルダッキーノ（天蓋）と呼ばれる
ジャン・ロレンツォ・ベルニーニ（1598-1680）作の主祭壇に着想を得たものだという。

[Page 210]　グランド・ドローイング・ルーム（大貴賓室）。フランス王ルイ14世からチャールズ2世に贈られた
貴重品用キャビネットがみえる。チャールズ2世の息子モンマス公爵の手に渡り、その子孫であるバクルー家に伝わった。
ルイ14世治世下の家具の第一人者アンドレ・シャルル・ブールの作で、
2体の彫像がキャビネットを支えているバロック的なルイ14世様式の家具。

[Page 211]　ルイ14世に仕えた著名な高級家具職人アンドレ・シャルル・ブール（1642-1732）によるキャビネット。
ブールは異なる種類と色彩の木材を組み合わせて柄を作るマルケトリの技法に秀でていた。

[Page 212]　上はダイニング・ルーム。19世紀に2室をつなげて整備された。天井装飾はジェイムズ1世様式のリヴァイヴァル。
下はボニー・プリンス・チャーリーズ・ベッドルーム。「麗しの王子（ボニー・プリンス）チャールズ」とは
名誉革命（1688）でイングランドを追われたジェイムズ2世の孫チャールズ・エドワード・ステュアートのことである。

[Page 213]　上はドローイング・ルーム（貴賓室）、下はモーニング・ルームで、ともにジェイムズ1世様式の天井装飾を持つ。
後者の色彩は第1次世界大戦後のものである。

Dunrobin Castle
ダンロビン・カースル
海から望むフランス風城館建築

●スコットランド北部ハイランドのゴルスピー付近に位置する。
1235年以来のスコットランドの名家サザーランド伯爵家（のちに公爵家）の居城であり、
1401年にはすでに拠点があったという。
●「ダン・ロビン」とは「ロビンの丘塞」という意味で、
第6代サザーランド伯爵ロバート（1427年没）の名にちなむ。
現在の城館は、1845年からチャールズ・バリーによって設計されたもので、
円錐形の城塔の屋根をはじめとして初期フランス・ルネサンス城館建築の影響もある。

●フランス式庭園

●ダイニング・ルーム

●ダイニング・ルーム

●ドローイング・ルーム（貴賓室）

●磁器の見本が並ぶ部屋

[Page 215]　　海側にある庭園から南側ファサードを望む。
　　　　　　中央軸線が存在し左右対称であるようでいて左右対称ではないファサード全体構成、
　　　　　　塔やターレット（小塔）の円錐形屋根、中央部と右翼のマシクーリ（石落とし）形装飾、
　　　　　　大きな長方形開口部は初期フランス・ルネサンス城館建築の特徴。左翼の白壁はジョージ様式を思わせる。
[Page 216]　　エントランス・ホールから連なるメイン・ステアケース最上階。
　　　　　　折り上げ格天井の平天井の部分がトップライトになっていて、上から明るく照らしている。
　　　　　　三重の半円形アーチはロマネスク的だが、全体に装飾は簡素でアーチ外の壁面が平滑なところは近代的な趣である。
[Page 217]　　メイン・ステアケースに隣接する最上階のビリヤード・ルーム。天井にはバロック様式のスタッコ装飾がみえる。
[Page 218-219]　1万冊の蔵書のあるライブラリー。
　　　　　　暖炉の直上にはサザーランド公爵夫人アイリーン（1891–1943）の肖像画が掛けられている。

Floors Castle
フローズ・カースル
スコットランド最大のバロック城館建築

●イングランドとの境に近いケルソ付近の城館。
スコットランド最大級のカントリー・ハウスである。
●1721年、スコットランド貴族初代ロクスバラ公爵が、
フロリス邸と呼ばれていた建築物の敷地にエディンバラの建築家ウィリアム・アダムの設計で
建設したジョージ様式のカントリー・ハウスだったが、
第6代公爵の代の1837年から1847年にかけてウィリアム・プレイフェアが
初期ルネサンス様式の城館のように改装した。

●城館全景

●南側から庭園側ファサードを望む

●ステアケース（階段室）

●ボールルーム

[Page 221]	主棟の正面側の向かって右側に増築されたビリヤード・ルームをダイニング・ルームに改装したもの。かつて、ビリヤード台があった場所を照らすようにトップライト（天窓）が設けられている。
[Page 222]	ボールルーム（舞踏の間）の内装。1841年、プレイフェアにより、城館本体の背面の東隅部にあるドローイング・ルーム（貴賓室）から北東方向に延長された平屋の増築部のすべてがあてられており、ドローイング・ルームと同じく、1930年代に内装が施され、タペストリーが額装されて飾られた。清朝康熙帝時代の磁器コレクションもみられる。
[Page 223]	南東側背面ファサードに面したドローイング・ルーム。1930年代の改装でタペストリーが額装された。暖炉もタペストリーと同じくバロック様式。
[Page 224-225]	夕日を背景にした北西を向いたファサード。スカイラインを支配するのはプレイフェアによるヴィクトリア時代初期の様式のシルエットである。

225

Glamis Castle
グラミス・カースル
『マクベス』の舞台、エリザベス皇太后の幼少時の思い出の館

●現在の城館の最古の部分は15世紀前半以降のもの。
その後、1540年にジェイムズ5世によってレディ・ジャネット・ダグラスが魔女として火刑に処されている。
シェイクスピアの『マクベス』の舞台とされ、
マクベスがダンカンを暗殺したのはここだといわれている。
●17世紀から18世紀にかけて改装され、初期フランス・ルネサンス城館建築のような姿となったが、
中央部に当初のタワー・ハウスは残っている。
現在も英国王室との縁は深く、
故エリザベス皇太后(クイーンマザー、ジョージ6世妃、エリザベス2世の母)が幼少期をすごしている。

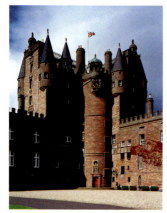
●南側からタワー・ハウスを望む

●マクベス伝説で有名な
ダンカンズ・ルーム

●クリプト

[Page 227]	城館を望む。左手の高くそびえているところが当初のタワー・ハウスである。
[Page 228]	ダイニング・ルームはタワー・ハウスの西側増築部2階にある。 平天井だが、グリッド上にファン・ヴォールト(扇形ヴォールト)で使われる「ペンダント」と呼ばれる垂れ下がったスタッコ装飾が施されている。その間にはイングランドの薔薇とスコットランドのアザミの装飾がみられる。 一方、壁面の要所がピラスターで縁取られているのは古典主義的である。
[Page 229]	当初のタワー・ハウスの3階にあるグレイト・ホール。のちにドローイング・ルーム(貴賓室)に改装されている。
[Page 230]	静物画で名高い17世紀フランドル(ヴラーンデレン、フランダース)の画家フランス・スネイデルス作の「果物市場」が掛かっている。
[Page 231]	もともとライブラリーだったが、1866年にビリヤード・ルームと「マルコム王の寝室」に改装された。
[Page 232]	上はキングズ・ルーム(王の間)、下はロイヤル・ベッドルーム(王の寝室)。エリザベス皇太后の生まれたベッドがある。
[Page 233]	上はロイヤル・ベッドルームの寝台の天蓋。下はグレイト・ホール。ホール全体に半円筒形ヴォールトが架かっている。 暖炉の直上にはスコットランドのアザミとイングランドの薔薇がみられる。 これはスコットランド王ジェイムズ6世、イングランド王としてはジェイムズ1世の紋章である。 暖炉の前は幼少のエリザベス2世とマーガレット王女のお気に入りの場所だったという。
[Page 234-235]	グレイト・ホール直下の2階にある「クリプト」。クリプトとは「隠された」というギリシア語に由来する言葉で、建築用語としては地下聖堂のことをさすが、ここではグレイト・ホール直下の空間のことをさす もともとは使用人たちのためのホールであり、中世にはここで彼らが寝起きしていたという。

229

235

Hopetoun House
ハウプトン・ハウス
連合王国成立に力を尽くした伯爵の館

●エディンバラ西方のフォース湾に近いところに位置する。
現在の城館は1699年から1701年にかけてウィリアム・ブルースの設計で、
チャールズ・ホープ（1681-1742）のために建設された。
ホープは1703年にスコットランド貴族初代ホープトン伯爵に叙せられ、
連合王国の成立に力を尽くした。
●1721年以降、ウィリアム・アダムによって拡張され、イギリス式庭園も設けられた。
1748年に彼が亡くなると、その息子たちジョンとロバートが事業を引き継いでいる。

●正門と門衛の家

●庭園側ファサードを西側から望む

●イエロー・ドローイング・ルーム（黄色の貴賓室）

●ヴェネツィア窓

[Page 237]　中央棟の中央部にある大階段室「トリビューン・ステアーズ」の八角形平面のドーム。
トロンプ・ルイユの技法によって手摺とそこに寄りかかる人物などが描かれている。
上階に設けられた下階を見下ろす廊下のような空間を「トリビューン」といい、階段室の名はそれに由来する。
この描かれたトリビューンの上方にトップライト（天窓）が設けられている。

[Page 238]　トリビューン・ステアーズのドーム直下。額縁の中にトロンプ・ルイユによる絵画があり、
空間を広くみせている。上方にトロンプ・ルイユの技法で描かれた「トリビューン」がある。

[Page 239]　ステイト・ダイニング・ルーム（正餐室）。後期（1680年代半ば以降）のルイ14世様式を思わせるインテリアである。

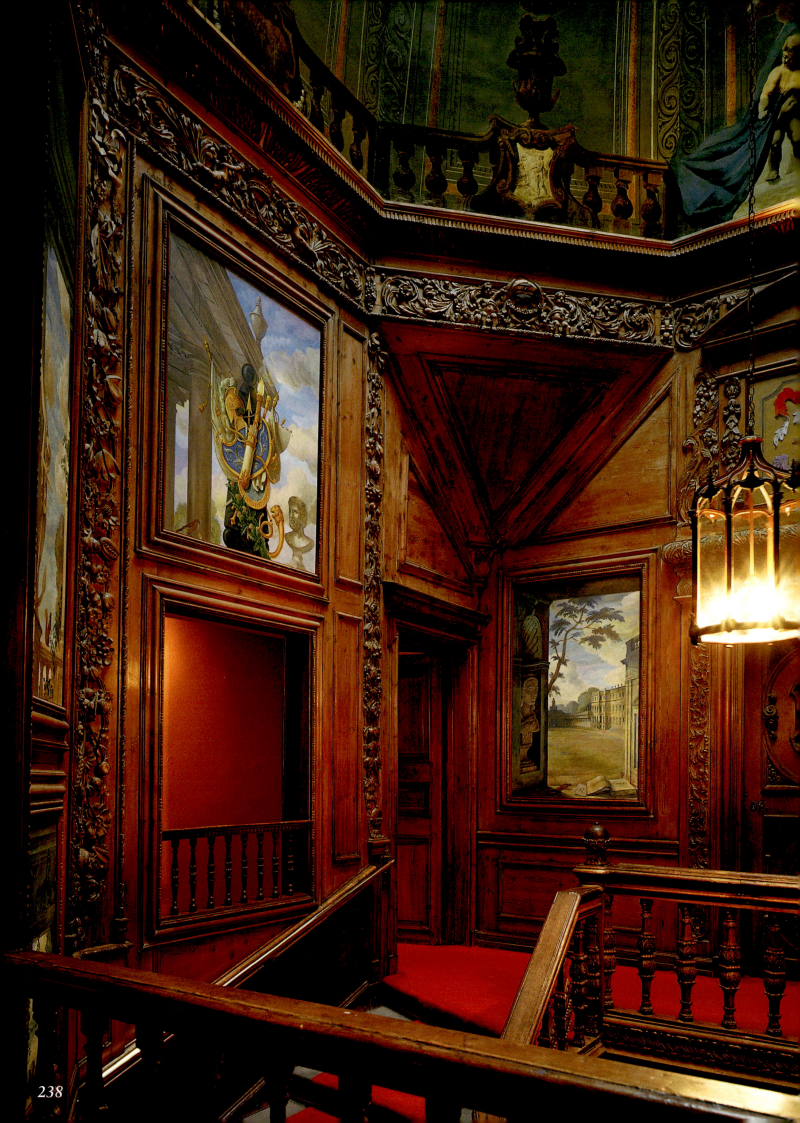

Inveraray Castle
インヴェラリー・カースル
バロックの建築家ヴァンブラのスケッチから生まれた館

●1450年以来のアーガイル公爵キャンベル家の居城。
この頃、1457年にコリン・キャンベルが初代アーガイル伯爵に叙せられており、
1494年以来、今に至るまでスコットランド王の宮内卿のタイトルを保持している。
1701年には第10代伯爵が初代アーガイル公爵となった。
●現在の城館はイギリス・バロックの巨匠ジョン・ヴァンブラによる
18世紀初頭のスケッチをもとに、ロジャー・モリスとウィリアム・アダムの設計で、
1746年から1789年にかけて建設された。

●南西側から正面ファサードを望む

●ステイト・ダイニング・ルーム（正餐室）

●タペストリー・ドローイング・ルーム

●アーマリー・ホール

[Page 241]	中央に位置する3層吹き抜けのアーマリー・ホール（武具庫ホール）。1720年代のヴァンブラのスケッチにも描かれていたコンセプトが実施にあたっても生かされた。天井中央にキャンベル家の紋章がみえる。
[Page 242]	エントランス・ホールに入って右手にあるタペストリー・ドローイング・ルーム（タペストリーの貴賓室）。特注のボーヴェ織りのタペストリーが掛けられているのでこの名で呼ばれる。火災のあと、1976年にタペストリーはハンプトン・コート宮殿で修復された。ウェルムを多用したローマン・リヴァイヴァルの天井装飾のデザインはロバート・アダムによる。
[Page 243]	タペストリー・ドローイング・ルームの隅部に付いているターレット（小塔）内に設けられたチャイナ・ターレット（磁器の小塔）。もともとはライブラリーだったが、18世紀初頭の有田焼やマイセン磁器などの磁器のコレクションが展示されている。その間に第3代公爵の肖像画が掛かっている。青地に白い浮彫はアダム様式の特徴。

キンロス
Kinross

レヴェン湖に面する簡素な城館

●エディンバラの北方、ロッホ・レヴェン（レヴェン湖）に面した城館。
このあたりにはもともと、1372年にロバート2世からダグラス家が賜った城塞があり、
スコットランド女王メアリーが1567年から1568年にかけて幽閉されていたことで有名だが、
1675年に第8代モートン伯爵は財政的に困難な状況に陥り、ウィリアム・ブルースに売却された。
●ブルース自身建築家であり、まずは敷地を整地して幾何学式庭園を営んだ。
本作の建設を始めたのは公職から退いた1685年のことだった。
軀体は1693年に完成したが、インテリアは1710年に彼が没したときも完成していなかった。
全体は長方形平面の、オーダーや装飾がほとんどない簡素なデザインである。

Manderston マンダーストン
20世紀初頭のエドワード時代、カントリー・ハウス最後の輝き

- 19世紀の近代社会に台頭した新興富裕層の一人、ジェイムズ・ミラーが建てた エドワード7世(在位1901-10)時代のカントリー・ハウス。
- ミラー家がこの地所を入手したのは1855年のことで、 ジェイムズの伯父リチャードによる。 リチャード亡きあと、その弟のウィリアムが買い取った。 ウィリアムは麻やニシンなどの ロシアとの貿易で財をなし、1874年に準男爵になっている。 ジェイムズはその次男だったが、長男が早世したため、1887年に相続した。

● 庭園ファサードを南側から望む

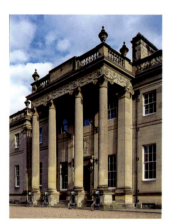
● エントランス正面のポルティコ

● シルバー・ステアケース

● ダイニング・ルーム

● ビリヤード・ルーム

[Page 247]　ホール奥を入口からみて左手から右方向に望む。ドリス式円柱を用いたパラディアン・モチーフの向こうに シルバー・ステアケースがみえる。写真右手にはドリス式円柱で縁取られたエントランス・ホールがあり、 大きなトップライト(天窓)で照らされている。アダム様式の優れたリヴァイヴァルだと評価できよう。

[Page 248]　ホールの壁面には、ケドルストン・ホールの、ロバート・アダムによるマーブル・ホールの暖炉とマントルピースが かなり正確に再現されている。トップライトの効果的な活用もアダム様式といえよう。 ローマ風ドリス式の円柱、ピラスター、エンタブレチュアにもアダム風ローマ・リヴァイヴァルの趣がある。

[Page 249]　ボールルーム(舞踏の間)。ドリス式円柱とエンタブレチュアに縁取られた新古典主義的デザインの暖炉があり、 マントルピースの上に19世紀のマイセン磁器が飾られている。 天井装飾もアダム様式によるもので、中央に太陽神アポロ、四辺に沿った長方形絵画に 美と愛の女神ウェヌス、四隅の円形絵画にケルビムが描かれている。

Mount Stuart House
マウント・ステュアート・ハウス
ヴィクトリアン・ゴシックの大空間

●ステュアート朝最初のスコットランド王ロバート2世の庶子から出て
男系継承されてきたビュート島のステュアート家の居城。
ロバート2世の母はロバート・ブルース王の娘なので、その血も受け継いでいる。
●現在の城館は第2代伯爵の代の1719年に建設され、
第3代ビュート侯爵の代の1877年の火災で被害を被ったあとに再建されている。
担当した建築家はロバート・ロワンド・アンダーソンで、
外観は典型的なヴィクトリアン・ゴシックの作例である。

●正面ファサードを西側から望む

●黄道十二宮の間

●ライブラリー

●ダイニング・ルーム

[Page 251]	正方形平面のマーブル・ホール（大理石ホール）。シチリア産の大理石とアラバスターが使われている。2層にわたって回廊がめぐらされていて、3層目の高窓から採光している。ホレイショ・ウォルター・ロンズデイルによって天空が描かれたリブ・ヴォールトが全体を覆っている。全周、尖頭アーチによるアーケードが連なったゴシック・リヴァイヴァルの大空間である。
[Page 252-253]	マーブル・ホールと同じ規模の正方形平面のグランド・ステアケース（大階段室）。中央にピア（支柱）が配され、それを中心としたリブ・ヴォールトで覆われている。
[Page 254]	ドローイング・ルーム（貴賓室）の天井にはさまざまな紋章が施されている。第3代侯爵夫人の趣味が反映されたゴシック・リヴァイヴァルのインテリアに絵画コレクションが展示されている。
[Page 255]	ライブラリー。尖頭アーチによるアーケードを、柱頭が一体化した円柱が支えている。柱頭の装飾は古典主義オーダーというよりはゴシックの範疇といってよい。

253

Thirlestane Castle
シアレステン・カースル
スコットランドのカントリー・ハウスの名手、ブルースの代表作

●エディンバラの南東、アボッツフォード・ハウスの北方にある。
もともとはイングランドからエディンバラへの攻撃を
阻止するための拠点として14世紀に築かれた。
以来、ローダーデイル伯爵メイトランド家の居城である。
●メイトランド家はノルマン・コンクェスト(1066)のときにノルマンディから渡来した一族で、
1250年頃にリチャードの婚姻により当地の領主となった。
1590年に現在の中央棟が完成し、1670年代と1840年代に大きく改装された。

●正面ファサードを南西側から望む

●中庭

●グレイト・ダイニング・ルーム

●ステアケース(階段室)の天井

●ステイト・ドローイング・ルーム(盛儀貴賓室)

[Page 257]	城館正面ファサード中央に面したアンティ・ドローイング・ルーム(貴賓室の控えの間)。中央軸線上の奥手には、かつてグレイト・ホールだったドローイング・ルーム(貴賓室)がある。写真では、イオニア式円柱、エンタブレチュアとブロークン・ペディメント(上端が破れたペディメント)で縁取られた扉口から、南翼棟の付け根に位置するステイト・ダイニング・ルーム(正餐室)が奥にみえる。
[Page 258]	南翼棟南東隅に位置する明るい洗濯室。
[Page 259]	蒲鉾形のヴォールトを頂いた厨房。南翼棟東側中央に位置する。

257

Traquair House
トラクウェア・ハウス
ステュアート王家ゆかりの地

●現存するスコットランド最古の邸宅といわれ、
その歴史は1107年までさかのぼる。
当初、王家の狩猟館であり、27名のスコットランド王・女王が訪問した。
●1491年にはジェイムズ・ステュアートが相続して初代トラクウェア領主となり、
以来、ステュアート家とそれに連なるマックスウェル゠ステュアート家の居城となっている。
現在の城館の主要部分は16世紀から17世紀にかけて建設されており、
1566年には女王メアリーが訪問している。

●ダイニング・ルーム

●キングズ・ルーム（王の間）

●ハイ・ドローイング・ルーム

●ライブラリー

[Page 261]　東側からみた外観。城館の背面にあたる。
右端が15世紀末までさかのぼる城館最古の部分で、
中央部が16世紀、城館本体の左端が1599年に現れた部分である。
そのさらに左側の低層部は17世紀に増築されている。

[Page 262-263]　城館の背面北東側の、18世紀に花壇が整備された場所に、
1981年、ジョン・スコフィールドによってデザインされた「メイズ」（迷路）。

カントリー・ハウス概説
Introduction to the Country House
中島智章

はじめに

　本書では建築写真家・増田彰久氏が撮影したイングランドとスコットランドの「カントリー・ハウス」(country house：英)がその写真とともに紹介されている。そこで、まず、建築としてのカントリー・ハウスとはどのような存在なのか、主にデザイン面(建築様式)と建築計画面(平面構成法、広間の種類など)について解説する。その際、解説者として意を用いたのは、ヨーロッパ全体の建築史の中でのカントリー・ハウスの建築群の位置付けがいかなるものだったかである。カントリー・ハウスの成立やその性格の確立は、むろん、イングランド史、スコットランド史の展開を背景としており、そのような側面についてはこれまでも十分に言及されてきた。ただ、同時に、それらの建設に携わった人々(施主や建築家)はイタリアやフランスをはじめとするヨーロッパ大陸諸国の建築動向に無関心ではなく、その影響をたびたび受けてきたのである。とりわけ、カントリー・ハウスが登場する16世紀後半以降20世紀前半までのヨーロッパの建築史において、イングランドやスコットランドは、イタリア、ついでフランスの大きな影響下にあったといわざるをえない。ここでは、そのあたりを中心に解説していきたい。

1│西洋における都市住宅と農村住宅

　ウィトルウィウス(Vitruvius)の『建築十書』(*De architectura, libri decem*)は、古代ローマ時代の現存するほとんど唯一の建築に関する書物であり、紀元前30年代〜同20年代に執筆されたといわれている。執筆時期は古代ローマの共和政末期から帝政初期であり、ウィトルウィウス自身の記述を信じるなら、カエサル(Gaius Iulius Caesar, BC100–BC44)とアウグストゥス(Augustus, BC63–AD14)に工兵として仕えたという。その第6書と第7書が住宅建築についての記述に当てられており、構築材料や住宅平面について論じた第6書では「都市住宅」と「農村住宅」に明確に区分されて記述されている。西洋においては「都市」(形容詞"urban")と「農村」(形容詞"rural")の区分は明確で、要するに市壁(city wall)の内側が「都市」、外側の居住地域が「農村」ということになる。ただし、ここで示されているのは貴族などの富裕層の住宅であり、都市住宅では「インスラ」(insula：羅)と呼ばれる集合住宅ではなく、アトリウム(atrium：羅)やペリステューリウム(peristylium：羅)という方形中庭を諸室が囲む邸宅建築、農村住宅では荘園経営の中心となる「ウィッラ」(villa：羅)のことである。

　邸宅建築におけるこの分類は、後世、とくに16世紀以降も生き続ける。イタリアでは都市邸宅を「パラッツォ」(palazzo：伊)、農村邸宅を「ヴィッラ」(villa：伊)といい、フランスでは、それぞれ、「オテル」(hôtel：仏)、「シャトー」(château：仏)という。近代

になると、新たに勃興してきた市民の中にも農村地帯に別荘を構えるものが現れ、これらの別荘は「メゾン・ド・カンパーニュ」(maison de campagne：仏)と呼ばれる。以上のような分類とそれぞれの類型の形式・成立事情は地域によって異なるものの、前提条件として、16世紀には高い城壁で囲った中世の城塞(castle：英)が火器の常用により軍事的意義を失い、農村地帯において軍事的機能を持たない居住機能を重視した邸宅建築の建設が可能になったことを挙げておかねばなるまい。とくにフランスで、軍事建築としての「城塞」を意味する用語だった「シャトー」が、居住機能のみを持つものになっていった事情に顕著にうかがうことができよう。本邦ではそのような「シャトー」を「城館」と訳している。

　中世のイングランドやスコットランドでは、封建領主の荘園(マナー)経営の根拠地として「マナー・ハウス」(manor house：英)が営まれた。近世以降の「カントリー・ハウス」は、言葉としてはフランス語の「メゾン・ド・カンパーニュ」に対応するが、カントリー・ハウスはマナー・ハウスの後継的存在であり、「ハウス」の規模は「メゾン・ド・カンパーニュ」とは比較にならないほど広壮である。貴族の広大な所領の経営の中心としてのあり方としては「メゾン」(maison：仏、英語のhouseとほぼ同意)よりも「シャトー」のほうが近く、カントリー・ハウスの名称として「カースル」(castle：英、仏語のchâteauとほぼ同意)を冠するものも多い。もっとも、中央集権的な絶対王政が確立しつつあった16世紀のフランスに対し、イングランドではロンドンにカントリー・ハウスと対をなすような都市邸宅の形式は成立しなかった。ロンドンにおける拠点たる「タウン・ハウス」(town house：英)が登場するのは、議会の力が強まったジョージ時代(1714-1830、ジョージ1世から同4世の治世)のことである。

2│西洋建築史の建築様式

　本来、「様式」(style：仏、英)という用語は、過去の特定の時代・地域の建築デザインの、その前後の時代と異なる特徴を認識して、「某様式」という一種のラベルを貼るという19世紀の歴史観によって生まれたものである。このような建築デザインのとらえ方は、19世紀の植民地主義的、帝国主義的な世界把握の仕方にもとづいており、イギリスの建築史家フレッチャー(Banister FLETCHER, 1833–99)の『比較の手法による建築史』(*A history of architecture on the comparative method*, 1896)の冒頭に掲げられている系統樹に端的に示されている。このような歴史観によって生み出された19世紀以降の建築を「歴史主義」(Historicism)の建築といい、本邦では「様式建築」ともいう。当然、近世に建設されたカントリー・ハウスの設計者たちの認識においては、それぞれの時代の「現代建築」を創造していたのであり、過去の建築様式のリヴァイヴァルによって設計された19世紀以降のカントリ

ー・ハウスの、「様式」にもとづく理解とは別のとらえ方もあるはずだが、本書では18世紀以前の建築デザインについても「様式」概念にもとづいて解説する。そこで本稿では、まず、西洋建築史の基本的な「様式」について簡単に紹介しておく。

西洋建築史では時代を古代、中世、近代、または古代、中世、近世、近代に区分し、現代では後者のほうが多い。建築史においては、古代は6世紀前半くらいまで、中世は15世紀初めくらいまで、近世は18世紀半ばくらいまでというのが一般的な理解である。「様式」としては下記のようなものがある。

[1]古代(Ancient age)
*古代ギリシア建築(Greek architecture):
神殿建築が中心。ドリス式、イオニア式、コリント式という円柱の諸様式が成立。
*古代ローマ建築(Roman architecture):
コンクリートを用いた壁構造、アーチ構法が発達。上記の各様式の円柱は装飾と化す。
*初期キリスト教建築(Early christian architecture):
4〜6世紀。帝政末期のローマ建築の範疇に入る。バシリカ式と集中式の平面構成と断面構成は後世にも受け継がれる。

[2]中世(Middle Age)
*(中世前期の建築をさす特定の様式は設定されていない)
*ロマネスク様式(Romanesque style):
11〜12世紀。石を積んだ組積造の重厚な壁体と半円形アーチのあまり大きくない開口部。
イングランドではノルマン様式(Norman style)ともいう。
*ゴシック様式(Gothic style)
12〜16世紀。尖頭アーチと大きなステンドグラス。組積造だが軽快な構造体。
イングランドでは、初期イングランド式(Early English style)、華飾式(Decorated style)、垂直式(Perpendicular style)の3期に分けられる。

[3]近世(Early modern ages)
*ルネサンス様式(Renaissance style):
イタリアでは15〜16世紀。そのほかの地域ではおおむね16世紀後半以降であり、イングランドでは16世紀末以降となる。古代の円柱の様式を体系化して「オーダー」と名付け、さかんに使用。端正で静的。
*マニエリスム建築(Manneristic architecture):
16世紀。後期ルネサンスのこと。端正さが崩れ、ディテールに遊びの要素がある。
*バロック様式(Baroque style):
17〜18世紀半ば。イングランドでは17世紀後半から18世紀初頭にかけて。
みられることを重視し、イタリア・バロックでは楕円やうねる壁体などを使用して動的。
*ロココ様式(Rococo style):
18世紀半ば。後期バロックにおける、内装や家具の様式。曲線を多用した軽妙で優雅なデザイン。

[4]近代(Modern ages)
*新古典主義建築(Neo classicism):
18〜20世紀半ば。
オーダーを装飾としてではなく、古代神殿のように構造材として用いようとした。
*グリーク・リヴァイヴァル建築(Greek revival):
18世紀半ば以降。新古典主義の一種。ローマではなくギリシアの比例と装飾のオーダーを用いる。
*歴史主義建築(様式建築)(Historicism):
以下のものがある。ただし、19世紀にはバロック様式はあまり認知されておらず、ルネサンス様式、バロック様式、新古典主義までを広く「ルネサンス様式」と認識していたようである。
ネオ・ゴシック様式:「異教」の古代建築ではなく、ゴシック様式をキリスト教の建築として再評価し復興。
ネオ・ロマネスク様式:ロマネスク様式の復興。
ネオ・ルネサンス様式:ルネサンス様式の復興。美術館、博物館などに最適な様式とされた。
ネオ・バロック様式:バロック様式の復興。劇場や宮殿などに最適な様式とされた。
ネオ・ロココ様式:この時代に建造されたり改築されたりした宮殿建築や邸宅建築に用いられた。
折衷主義建築(Eclecticism):上記のさまざまな様式を折衷したもの。

3 | 近世以降のイングランドの建築様式
一方、近世以降の様式について、フランスやイングランドではもっと細かい分類もあり、おおむねそれらの様式はそれぞれの時代の王の名前によっている。イングランドについては以下のような様式が認識されている。なお、"Georgian"や"Victorian"は「ジョージ朝」、「ジョージ王朝」、「ヴィクトリア朝」、「ヴィクトリア王朝」とも邦訳されることがあるが、通常、邦語の「王朝」が"dynasty"の訳語だと考えると適切とはいいがたいので、本書では用いない。

テューダー朝様式(Tudor style)
エリザベス1世様式(Elizabethan style)
ジェイムズ1世様式(Jacobian style)
アン女王様式(Queen Ann style)
ジョージ様式(Georgian style)
リージェンシー様式(Regency style)
ヴィクトリア様式(Victorian style)

上記のうち、テューダー朝様式からジェイムズ1世様式までは、ゴシック建築の要素とイタリア由来のルネサンス建築の要素が融合した初期イングランド・ルネサンス建築の範疇に入る。それゆえ、オーダーの理解は完全ではなく、装飾はともかくとして比例は正確ではないものが多い。本邦にも早稲田大学演劇博物館のようなエリザベス1世様式の作例があり、正面中央のイオニア式の円柱の比例は堂々たる太さで、イオニア式というよりもトスカナ式の比例になっている。なお、エリザベス1世様式とジェイムズ1世様式の違いは実はかなり微妙で、両者を融合させた「ジャコビーサン」様式(Jacobethan style)という用語も存在するほどで

265

ヴィッラ・ラ・ロトンダ（ヴィチェンツァ）の正面ファサード
ほぼ四面対称の平面で、各ファサードの中央に
イオニア式円柱6本を備え、
直上にペディメントを頂いたポルティコがある。
撮影／中島智章

ある。また、テューダー朝様式は、主に町屋などの「ハーフティンバー」(half timber)と呼ばれる木造建築の様式をさし、エリザベス1世様式とジェイムズ1世様式を含むこともある。いずれにせよ、このあたりの様式は、上記のような特徴を持つ「初期イングランド・ルネサンス様式」と理解しておいてよいだろう。代表的な「建築家」(そう呼んでよいのであれば)は、ロングリート・ハウス(Longleat House, 1568-75)の建設に携わったスミスソン(Robert SMYTHSON, 1535頃-1614)である。

王の名にちなむ様式名としては、ジェイムズ1世様式のあとはアン女王様式まで、数十年間、空いているが、クロムウェルの共和政時代を挟んだステュアート朝時代の建築様式として最も知られているのは「パラーディオ主義」(Palladianism)である。この時代、ヴェネツィア共和国でパラーディオ(Andrea PALLADIO, 1508-80)の建築に触れた、イングランド初の「建築家」(architect)といわれるジョーンズ(Inigo JONES, 1573-1652)らにより後期ルネサンス建築のデザイン手法が導入された。ジョーンズ自身は「王の建設総監」(Surveyor General of the King's Works)となったため(1615-43)、カントリー・ハウスを手がけることはなかったが、カントリー・ハウスの分野においてもパラーディオのヴィッラ建築が大きな影響を及ぼした。具体的には、長方形のファサードの中央に、古代ローマの神殿建築に倣った、ペディメント(pediment：英)を頂くポルティコ(portico：伊)が配されたデザインのことである。半円形アーチを頂いた開口部の両脇に長方形の開口部を配した「ヴェネツィア窓」(Venetian window：英)や、半円形を2本のマリオンで三分割した「浴場窓」(thermal window：英)も内外装で用いられた。このようなパラーディオ主義のデザインは、18世紀以降も他の諸様式と並行して用いられ続けた。なお、家具の分野では「王政復古様式」(Restoration style)という分類もあるが、建築ではほとんど使われない。

バロック様式については、王の名を冠した様式はとくに設定されていない。レン(Christopher WREN, 1632-1723)、ヴァンブラ(John VANBRUGH, 1664-1726)、ホークスムア(Nicholas HAWKSMOOR, 1661頃-1736)といった、イングランド建築史を彩る建築家が活躍した時代で、レンは「王の建設総監」となったため(1669-1718)、カントリー・ハウスを手がけることはなかったが、ヴァンブラにはカースル・ハワード(Castle Howard, 1699-)やブレナム・パレス(Blenheim Palace, 1704-22)などの作品があり、ホークスムアもそれらの事業を助けた。スコットランドではブルース(William BRUCE, 1630-1710)が活躍した。

彼らの活躍した時期の一部はアン女王の治世と重なるが、彼らの建築はアン女王様式とは呼ばれない。そもそも、アン女王様式は、前後のパラーディオ主義とジョージ様式に比して、代表的作例や名作に欠けるといわざるをえない。オランダのオランジュ大公(prince d'Orange)家出身のウィリアム3世治世下においてオランダの町屋建築の影響を受けたといわれるが、「アン女王様式」

**バジリカ・デッラ・ラジオーネ
（バジリカ・パラディアーナ）（ヴィチェンツァ）**
1階がドリス式、2階がイオニア式で、
ともにパラディアン・モチーフが
適用されている。
撮影／中島智章

**サン・フランチェスコ・デッラ・ヴィーニャ
教会堂（ヴェネツィア）のファサード**
中央入口直上に浴場窓が設けられている。
撮影／中島智章

という様式認識は、それをリヴァイヴァルしたという19世紀の新たな「アン女王様式」の存在を前提としたものだろう。したがって、アン女王様式の代表作は18世紀初頭ではなく、ショー（Richard Norman SHAW, 1831-1912）のスコットランド・ヤード庁舎やその影響を受けた辰野金吾（1854-1919）の東京駅丸の内本屋ということになる。赤煉瓦と白色の切石（主に隅石として使用）を組み合わせた色彩とデザインのファサードが特徴である。

ジョージ様式（ジョージアン様式ともいう）は、アン女王でステュアート朝が絶えたあとに連合王国（the United Kingdom）（1707年に成立。本書ではこれ以降について「イギリス」という呼称も用いる）の王位を継いだハノーファー朝において「ジョージ」（George）という名の王が4代続いたことによる名称である（1714-1830、ジョージ1世から同4世まで）。もっと大きな様式概念でとらえるなら、ジョージ様式は新古典主義の範疇に入る。ジョージ様式の最も典型的な特徴は、テラス・ハウスの、オーダーが施された白色の玄関ポーチである。テラス・ハウスは都市住宅の一形式であり、町屋が横に連続しているものをいう。110年以上続いたジョージ時代の代表的建築家に、ウッド父（John WOOD, the Elder, 1704-54）、ウッド子（John WOOD, the Younger, 1728-82）、ロバート・アダム（Robert ADAM, 1728-92）、ナッシュ（John NASH, 1752-1835）、ソーン（John SOANE, 1753-1837）がいる。スコットランドではロバート・アダムの父ウィリアム・アダム（William ADAM, 1689-1748）が活躍した。

このなかでカントリー・ハウスに最もかかわったのはロバート・アダムだろう。イングランドだけでなく、父ウィリアムの後を受けてスコットランドの仕事も多く手がけている。とりわけ、グリーク・リヴァイヴァルとローマン・リヴァイヴァルを折衷させたインテリアで知られており、いわゆる「アダム様式」（Adam style：英）を確立した。イギリスでグリーク・リヴァイヴァルがさかんになったのは、ステュアート（James STUART, 1713-88）とリヴェット（Nicholas REVETT, 1721-1804）がアテネで実施した実測調査の成果をまとめた『アテナイの古代遺物』（Antiquities of Athens, 1762）の公刊がきっかけである。

ジョージ時代には庭園史でも大きな変化があった。18世紀初頭まではフランスの影響を受けた幾何学式庭園（formal garden：英）、フランス式庭園（jardin à la française：仏）が主流だった。幾何学式庭園は、ボスケ（bosquet：仏）と呼ばれる幾何学平面の木立（ボスケの中には彫刻や泉水が設置される）とボスケ間の園路、幾何学図形平面の泉水（bassin：仏）や運河（canal：仏、英）からなる。それに対し、18世紀前半にイギリスで生まれた風景式庭園（landscape garden）、イギリス式庭園（jardin à l'anglaise）では、17世紀のフランスの画家プーサン（Nicolas POUSSIN, 1594-1665）やクロード・ロラン（Claude GELLÉE, dit le Lorrain, 1600頃-82）の描いた古代神話風の風景の再現がめざされ、庭園内に古代神殿風や異国趣味による四阿、人工的な廃墟などが配置された。パラーディオ主義の一環で、橋の上に神殿風の建築物を配したパラディアン・ブリッジ（Palladian bridge：英）が小川などに架けられることもあった。代表的な造園家は「ケイパビリティ」・ブラウン（Lancelot "Capability" BROWN, 1716-83）で、ブレナム・パレスの庭園は彼が改めたものである。

ジョージ時代は、貴族の子弟がイタリアやフランスなどのヨーロッパ大陸諸国の名所旧跡をめぐる「グランド・ツアー」（grand tour：英）が本格化した時代でもある。パラーディオの作品群に実際に触れたことのある貴族の子弟が増えたことにより、パラーディオ主義が引き続きカントリー・ハウスの建築に大きな影響を与え、プーサンやクロード・ロランの神話的風景画を実際に購入してくる者もいた。18世紀のイギリスにおけるグリーク・リヴァイヴァルによる内装や風景式庭園の隆盛には、このような背景もあったのである。同時に、ヨーロッパ大陸諸国とは異なるイギリス固有の特徴として、城塞や修道院、教会堂の廃墟が多いという特徴も認識されはじめていた。城塞の廃墟が多いのは、英国革命（清教徒革命）の時代に王党派と議会派の間で勃発した内戦が終了した後に城塞の破却令が発せられたことによる。また、修道院などの廃墟が多いのは1536年以降にヘンリー8世によって修道院解散が進められたことによる。とりわけ、後者はイングランドならではの特徴だという認識が浸透していった。じつは、カントリー・ハウスの名称として「アビー」（abbey）の名を冠するものが多いのは、修道院解散令によって解散した修道院の領地が、テューダー朝時代に勃興した新たな貴族階級の手に渡った事例が多かったことによる。

上記のような事情から、イギリスの風景式庭園には、神殿風の四阿や古代ローマの廃墟風の四阿のほか、修道院の廃墟風の四阿も好んで配置された。風景式庭園のデザインの背景にはピクチュアレスク（picturesque：英）の美学があり、ここでいう「絵画風」の「絵画」とはプーサンやクロード・ロランのような神話的風景画のことを指すが、同時に修道院や教会堂の廃墟を模した四阿という形でゴシック・リヴァイヴァルの傾向が出てきたのも、この時代のイギリスである。ピクチュアレスクの文脈におけるゴシック・リヴァイヴァルは、カントリー・ハウスの建築そのものにも現れた。代表的なものは、第4代オーフォード伯爵ホレス・ウォルポール（Horace WALPOLE, the 4th Earl of Orford, 1717-97）のストロベリー・ヒル・ハウス（Strawberry Hill House）の建築本体、ワイアット（James WYATT, 1746-1813）が設計したフォントヒル・アビー（Fonthill Abbey）の建築本体である。

その後、ゴシック・リヴァイヴァルは、19世紀に勃興したナショナリズムや、宗教としてのキリスト教の改革の影響などによりさまざまな展開を遂げるが、最終的には「歴史主義建築」の一部としての「ネオ・ゴシック様式」に帰着する。イギリスでは「ヴィクトリアン・ゴシック」（Victorian Gothic：英）とも「ヴィクトリア様式」（Victorian style：英）とも呼ばれる。イギリスのゴシック・リヴァイヴァルの代表的建築といわれる国会議事堂の建築計画を手がけたバリー（Charles BARRY, 1795-1860）によるハイクレア・カースル（Highclere Castle）は、ネオ・ゴシック様式といわれることもあり、邸宅の中心となる2層吹き抜けの「サルーン」（saloon：英）にはゴシック様式の特徴である尖頭アーチが多用されているが、全体を通してみれば、ゴシックからルネサンスへの過渡期にあたる初期イングランド・ルネサンス様式、すなわち、ジャコビーサン様式のリヴァイヴァルとみるのが妥当だろう。とりわけ、3層構成がはっきりとみてとれる外観に顕著である。

4 | カントリー・ハウスの建築計画

外装と内装のデザインについては、上記のように変遷してさまざまな様式がみられるが、建築計画については16世紀には定型といえるものが成立した。これは前述したように、貴族邸宅が軍事的機能から解放されたことと関係が深い。フランスでも、主棟

267

(corps-de-logis:仏)とその両端から前方に延びる翼棟(aile:仏)からなるコの字形平面、コの字形平面で囲われたアプローチのための前庭(cour d'honneur:仏)、入口からみて主棟の奥に展開する庭園(jardin:仏)、2階か嵩上げされた1階に主要階(piano nobile:伊)を設けること、主人たちの使用する広間群が廊下を介さずに連なるアンフィラード(enfilade:仏)という形式、控えの間(antichambre:仏)と寝室(chambre:仏)、私的なキャビネット(cabinet:仏・英)などからなるアパルトマン(appartement:仏)というまとまり、主要階直下や翼棟にサーヴィス部門を設けることなどの、シャトーとオテルに共通する邸宅建築の基本が成立している。

　廊下を介さないということは、連なる広間群の間にヒエラルヒーが存在するということであり、平面図に廊下のような空間があるのなら、それはサーヴィス動線として存在している。邸宅建築の建築計画においては、主人や主人家族、客人たちの動線とサーヴィス動線を明確に区分することが重要だった。そのため、階段も表の階段のほか、サーヴィス動線のための裏方の階段が存在した。イングランドやスコットランドのカントリー・ハウスも、デザイン面だけでなく建築計画の面でも、フランスをはじめとするヨーロッパ大陸諸国の邸宅建築の影響を受けており、影響関係の有無はともかく、共通点も数多い。上記のように、主人たちのための空間とサーヴィスのための空間を明確に区分することもそうである。カントリー・ハウスにおいては「アップステア」(upstairs:英)、「ダウンステア」(downstairs:英)と称する。

　また、ある程度、公的な性格を持つ一連の広間群を総称して、フランスでは「アパルトマン・ダパラ」(appartement d'apparat:仏)というが、イングランドやスコットランドの宮殿、カントリー・ハウスでそれに相当するのは「ステイト・ルームズ」(state rooms:英)、「ステイト・アパートメント」(state apartment:英)である。これらの広間は客人をもてなす、邸宅建築の心臓部であり、カントリー・ハウスを「ステイトリー・エステイト」(stately estate:英)と称するのもこのためである。ステイト・ルームズを構成するのは「サルーン」(saloon:英)、「アンティ・ルーム」(ante room:英)、「ステイト・ベッドルーム」(state bed room:英)などで、これらはフランスでは「サロン」(salon:仏)、「アンティシャンブル」(antichambre:仏)、「シャンブル・ダパラ」(chambre d'apparat:仏)に相当する。邦語では「広間」、「控えの間」、「盛儀寝室」と訳せるだろう。この内、「サルーン」は「ドローイング・ルーム」、すなわち、「貴賓室」として用いられることが多かった。

　フランスなどとは異なる点もある。すなわち、直接的には中世のマナー・ハウスの影響を受けているのであり、「グレイト・ホール」(great hall:英)を中心とした構成を取る場合が多い。名称として「ホール」と冠されたものも少なくないのはこのためである。マナー・ハウスやその影響下にあるカントリー・ハウスのグレイト・ホールは、通常、入口からすぐのところに配置されており、「スクリーンズ・パッセイジ」(screens passage:英)と呼ばれる独特の入り方をするようになっている。「スクリーン」とは、エントランスとホールを区切る、アーケード(arcade:英)、または列柱(colonnade:英)の部分のことである。ホールは2層吹き抜けの場合も多く、スクリーンズ・パッセイジ直上には「ミンストレル・ギャラリー」(minstrel gallery:英)が設けられることもある(ミンストレルは吟遊詩人の意)。スクリーンズ・パッセイジによる入り方をする限り、エントランスとグレイト・ホールの関係は、エン

トランスを中央軸線上に配置するならば左右対称にはなりえない。通常、ルネサンス建築においてはイタリアでもフランスでも左右対称の平面が好まれたが、イングランドではそうはならないのである。外観の左右対称性と内部平面の配置の辻褄を合わせるのが設計者の腕の見せ所であり、ロングリート・ハウスはそのような課題を解決した優れた作例の一つである。なお、多くのカントリー・ハウスでは「グレイト・ホール」は「ドローイング・ルーム」に改装され、高い天井を利用してホール上部に寝室が設けられることもあった。また、17世紀以降に新築されたカントリー・ハウスでは、スクリーンズ・パッセイジによるグレイト・ホールへのアプローチ法は廃れ、中央軸線上にエントランス・ホールとドローイング・ルーム、サルーンなどの主要広間を連ねる平面構成法がとられるようになった。これもパラーディオ主義の一つの表れといえるだろう。

　異なる階への動線については、フランスのシャトーやオテルでは、中央軸線上に配置されたエントランスのなか、あるいはそれに隣接して主階段が設けられることが多い。階段は邸宅建築のエントランス空間を演出する主要な建築装置だったのである。カントリー・ハウスでは階段の重要性が下がる作例もある。最大級のカントリー・ハウスであるブレナム・パレスは、天井の高い壮大なエントランス空間を持ち、その奥には2層吹き抜けの大規模なトロンプ・ルイユ(trompe-l'œil:仏)で彩られた「食堂」(dining room:英)を備えるが、エントランスの両脇に設けられた階段は、パレスの全体の規模と豪華さに比して、形式といい装飾といい質素である。無論、ロバート・アダムの理想が結実したともいわれるカレイン・カースル中央部の楕円形平面の階段室「オーヴァル・ステアケース」(oval staircase:英)など、劇的な空間の例も多い。このあたりは、主要階を1階にするか2階にするかで変わってくるという事情もあり、フランスでもヴォー゠ル゠ヴィコント城館(Château de Vaux-le-Vicomte:仏)では主要階を1階に置いているので階段は脇役となっている。

　一方、フランスの邸宅建築と比較するなら、逆にフランスよりも重視されているのは「ダイニング・ルーム」(dining room:英)と「ライブラリー」(library:英)だろう。ヴェルサイユ城館(Château de Versailles:仏)をはじめとして、フランスの邸宅建築では「食堂」として明確に設定された広間が必ずしも設けられるとは限らない。ルイ14世は宮殿内のさまざまな広間、すなわち、王のアパルトマン(appartement du roi:仏)の第1の控えの間(premier antichambre:仏)や王太子妃のアパルトマン(appartement de la dauphine:仏)の一室などで、その都度、テーブルなどを設定して食事をとっていた。もっとも、時代が移り、食通として知られるルイ15世は専用の食堂を宮殿内に持っていた。また、フランスでも18世紀以降は食事をとる場としての「食堂」(salle à manger:仏)の機能を定められた部屋が設けられるようになってくる。イギリスのカントリー・ハウスの「ダイニング・ルーム」は、直接には「グレイト・ホール」の機能の一部を引き継いだものであり、19世紀以降は「食堂」で夕食をとり、その後、男女に分かれて談話するという形式が固定化してくる。男性はビリヤード室、女性は「ウィズドローイング・ルーム」(withdrawing room:英)、または「ブードワール」(boudoir:仏)で談話するのであり、この形式は明治期の日本の華族や財閥の家でも踏襲されることになる。東京・湯島の旧岩崎邸庭園内に建つコンドル(Josiah CONDER, 1852-1920)設計の旧岩崎家茅町本邸にもこれらの諸室が設けら

れている。とくに喫煙室(smoking room：英)にはイスラム様式が適用されており、暖炉などに設けられたイスラム風アーチなどの見所がある。

「ライブラリー」もカントリー・ハウスで重要な位置を占めていた。とりわけ、上記のブレナム・パレスのライブラリーは2層吹き抜けのパレス内で最大の空間であり、カントリー・ハウス中でも最大級のライブラリーだろう。たとえば、ヴェルサイユ城館では明確に「図書室」(Bibliothèque：仏)と規定された広間はルイ16世治世下まで設けられなかったし、それも大規模なものではなかったのとは対照的である。ブレナム・パレスのライブラリーには書棚だけでなく、家族や客人たちが寛ぐソファー類、書斎を構成するデスクなども設置され、あまつさえ、のちにはオルガンも増設されている。ライブラリーは「図書室」と訳しうるし、たしかに主人の知的世界の深淵さをみせるという意味でも多くの蔵書が収められている部屋だが、その機能はもっと多岐にわたっていたのである。ドラマ『ダウントン・アビー』(Downton Abbey)の吹替版や字幕版ではライブラリーは「書斎」と訳されているが、これもライブラリーの機能の一部を表現しているにすぎない。

19世紀にはゴシック・リヴァイヴァルなどの諸様式で改装されることも多かったカントリー・ハウスにおいて、平面計画でも大きな変化があった。すなわち、中庭に「クロイスター」(cloister：英)という回廊を設けるなど、主要各室に直接アプローチする「廊下」のような空間が設けられていったことである。新築のカント

リー・ハウスでは、最初から各室にアプローチする廊下的空間があり、サルーン、ドローイング・ルーム、ダイニング・ルームなどの主要広間だけでなく、家族のそれぞれの寝室へも、控えの間などを経ずして直接アプローチできるようになった。

おわりに

本稿では、西洋建築史におけるカントリー・ハウスの概要を解説した。そのデザインや建築計画において、イタリアのヴィッラやフランスのシャトーと同様に、あるいはそれ以上に、建築家よりも施主の、カントリー・ハウスはかくあるべしという考え方が反映されていることが各作例からうかがえることだろう。そのため、施主である領主一族はカントリー・ハウスの維持について努力を払ってきたが、第1次世界大戦、第2次世界大戦という二度の大戦を経て、イギリスやカントリー・ハウスを取り巻く状況は激変し、その維持も困難となって、かつての領主が手放さなければならないことも多かった。それでも、ナショナル・トラストのような歴史的建造物の保存団体の努力により、多くのカントリー・ハウスが維持され、さらには一般公開されている。公開に伴う収益で維持費を全て賄うことは不可能だが、ブレナム・パレスのように人類共通の文化遺産として世界遺産一覧表に記載されているものもあり、その維持と活用は所有者のみならず、多くの人々にとっても重要な課題の一つとなっている。

各館解説

Commentary

中島智章

England
イングランド

Adlington Hall
アドリントン・ホール

サクソン時代の狩猟館が起源で、ノルマン・コンクェスト(1066)後は7代にわたってノルマン人貴族の支配が続き、1221年に王領となった。ヘンリー3世(在位1216-72)の治世にヒュー・ド・コローナの手に渡り、その孫娘エレンがジョン・ド・レフと結婚したことによって、エレンの息子ロバートが相続してレフ家のものとなった。その後、同名の当主が5代続いた。現在の邸宅は、グレイト・ホールを中心としたハーフティンバーによるテューダー朝様式の部分(東翼棟のみ現存)、および、ジョージ様式の西翼棟の2部分からなる。

東翼棟の中心となるグレイト・ホールは、トマス・レフが1480年から1505年にかけて建設し、残りの部分も曾孫のトマスの代の1580年代には姿を現したが、南翼棟と西翼棟は焼失した。生き残った東翼棟のグレイト・ホールには17世紀に大規模なオルガンが設置されており、その際、バロック様式の壁画や暖炉も設けられた。

その後、1740年代にチャールズ・レフが西翼棟を新たに建設させた。ファサード中央にペディメントを頂く四柱式神殿(正面に4本の円柱が立つ神殿)風の突出部があり、典型的なパラーディオ主義のデザインとなっている。

2階にはフロアすべてを占めるボールルーム(ballroom:英、舞踏の間)がある。ボールルームとは、フランス語の舞踏会を意味する言葉「バル」(bal:仏)に由来する用語で、舞踏会などを開催する広間のことである。

Althorp
オールソープ

1508年にジョン・スペンサーが購入して以来、スペンサー伯爵家が継承してきた。当初は、赤煉瓦で建設された、16世紀のテューダー朝様式の邸宅だったが、1662年に初代サンダーランド伯爵の寡婦ドロシーにより中庭に屋根がかけられてホールが設けられ、オーク製の階段も設置された。1680年代の城館はフランス風のコの字形平面で、正面向かって左側の翼棟2階にロング・ギャラリーが設けられた。ファサードはコリント式とコンポジット式のオーダーのスーパーコラムニエーションによる2層構成だった。

18世紀には全体を建築家ヘンリー・ホランドがジョージ様式で改築し、ファサード中央にペディメントを頂いた四柱式神殿をかたどった造形を配したパラーディオ主義建築となった。ホールの2層目に手摺を設けて、階段も白く塗装されている(のちに元に戻された)。天井にはトップライト(天窓)が設けられており、古代ローマ風の格天井となっている。本城館には当時の当主がグランド・ツアーなどで入手したアントーン・ヴァン・デイク(1599-1641)の絵画作品コレクションが飾られていた。ヴァン・デイクはアントウェルペン(現在のベルギーのオランダ語圏の都市)出身の肖像画で名高い画家で、1632年以降、チャールズ1世(在位1625-49)の宮廷画家となっており、イングランドの美術にも大きな影響を与えた。

現当主の第9代スペンサー伯爵の姉が故ダイアナ妃(1961-97)で、廐舎がその記念館に改装され、妃自身もカントリー・ハウス付近の池の中洲に埋葬されている。

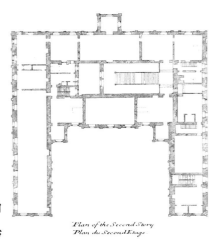
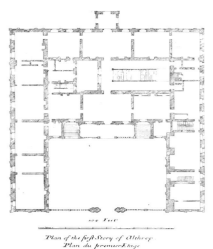

【図1】
オールソープ1階平面図(下)、2階平面図(上)
かつての中庭に階段が設えられている。
2階の左側の翼棟にロング・ギャラリーがある。
コリン・キャンベル『英国のウィトルウィウス』より

Belvoir Castle
ビーヴァー・カースル

「ビーヴァー」という名はフランス語の「ベルヴォワール」を英語読みしたものであり、ベルヴォワールとは「良き眺望」という意味である。もともと、イングランド王室は1066年のノルマン・コンクェストでイングランドに到来したフランスの有力諸侯ノルマンディ公家から発しており、このときに多くのノルマン諸侯もイングランドに新たな領地を得たため、ノルマン風フランス語からきた城名や家名も多い。

ビーヴァー・カースルもその一つで、ヘイスティングズの戦いで旗手を務めたロベール・ド・トデーニがウィリアム1世征服王（ノルマンディ公ギヨーム2世でもある）から賜った領地の高所に1067年から建設された城塞だった。1464年までには、ランカスター家とヨーク家の間で王位継承権を争った内乱で大きな被害を被り荒廃したが、テューダー朝時代の1520年代に再建された。1649年には英国革命で勝利した議会派によって破却され、1654年以降、軍事的な機能を持たない形で再々建された。

今日みられる城館は、1801年から1832年にかけてジェイムズ・ワイアットが第5代ラトランド公爵夫妻のために設計・建設したものである。家具の世界では「リージェンシー様式」が存在するが、建築では東洋趣味（中国だけでなくインドやイスラムも含む）をはじめとする雑多なデザインが用いられた時代であり、一つの様式ではくくれない。そのため、ネオ・ゴシック様式のほか、内装にはさまざまな様式がみられ、ロココ様式のシノワズリー（中国趣味）も多く用いられた。

Blenheim Palace
ブレナム・パレス

1704年8月13日、初代マールバラ公爵ジョン・チャーチル（1650–1722）らの率いるイングランド・オーストリア連合軍が、ドイツ・バイエルン地方のヘーフシュタット・アン・デア・ドナウ近郊ブリントハイムでフランス・バイエルン連合軍を破った。この戦功により、公爵が拝領したのが戦いの地にちなむ名を持つブレナム・パレスであり、1705年から1722年にかけて建設された。

イングランド／イギリスのバロック建築の代表的建築家であるジョン・ヴァンブラ（1664–1726）とその助手ニコラス・ホークスムア（1661頃–1736）が城館と庭園をデザインしている。ただ、マールバラ公爵夫人と折り合いの悪かったヴァンブラは1716年にこの仕事を降りた。

庭園のほうは、1761年以降、当初のものが「ケイパビリティ」・ブラウンによって改変されて風景式庭園となった。1987年に「ブレナム・パレス」として世界遺産一覧表に記載されている。

中央パヴィリオンから両翼前方にせり出すファサード構成は、ローマ・バロックの教会建築の立体的なファサード造形に通じ、その影響をフランスで最も受けたルイ・ル・ヴォーのヴォー＝ル＝ヴィコント城館やコレージュ・デ・キャトル・ナシオン（パリ）のファサードの系統に属する。一方、中央パヴィリオンがペディメントを頂いた古代神殿風であるところにはパラーディオ主義もうかがえ、その奥にあるグレイト・ホール内部のジャイアント・オーダーの列柱の荘厳さは、西翼棟全体を占める長大なロング・ライブラリーとともに、新古典主義の先駆けともいえるだろう。

南翼棟のアパートメント諸室はフランス風のルイ14世様式のインテリアでそろえられた。とりわけ、グレイト・ホールの奥の中央軸線上に位置するサルーンには、ヴェルサイユ城館の主階段「大使の階段」のトロンプ・ルイユの技法による壁画に影響を受けた壁画がみられ、欄干の向こうに青空とサルーンを見つめる人々が描かれている。現在は年1回、現当主の第12代マールバラ公爵一家がここで正餐をとっている。

第2次世界大戦時のイギリス首相ウィンストン・チャーチル（1874–1965）は第7代マールバラ公爵の孫にあたり、このブレナム・パレスの正面向かって右側の階段のあたりにある部屋で誕生している。

Bowood House
ボウッド・ハウス

1754年に初代シェルバーン伯爵ジョン・ペティ＝フィッツモリスが購入して以来、ランズダウン侯爵家のカントリー・ハウスとなる。全体にパラーディオ主義の建築で、正面ファサード中央にはペディメントを頂いた古代神殿風ポルティコがあり、両翼端部パヴィリオンにも2面にペディメントが施されている。「ケイパビリティ」・ブラウンの手がけた面積100エーカー（約40ヘクタール）の風景式庭園も付属している。

第2代伯爵の代にロバート・アダムによりインテリアが大改装され、オレンジリーも設けられている。オレンジリーはフランス語の「オランジュリー」にあたり、オレンジなどの南国産の植物を冬の間収めておく場所のことである。近世のオレンジは鉢植えだったのである。通常、「オレンジ温室」などと訳されるが、「温室」という言葉から連想されるようなガラスで囲われた明るい空間ではない。当時の通常の建築物と同じく組積造の構築物であり、「温室」というよりは「倉庫」のほうが近いだろう。1774年、このオレンジリーのアンティ・ルーム（控えの間）でジョゼフ・プリーストリーが酸素を発見したことでも知られる。一方、入口からみて左手奥にあった「ラージ・ハウス」は第2次世界大戦後に相続税対策で取り壊され現存しない。1972年から修復され、1975年に一般公開された。

Burghley House
バーリー・ハウス

1555年から1587年にかけて、エリザベス1世の財務卿にして首席閣僚だったウィリアム・セシルが建てたエリザベス1世様式初期のカントリー・ハウス。

各階外壁に施されたエンタブレチュアのような水平装飾帯による3層構成や屋上に林立する煙突は、フランスやイングランドの初期ルネサンス建築の典型的な特徴である。ファサードは対称形だが、煙突の配置をみると、内部の平面はそうでないことがわかる。また、煙突のデザインはトスカナ式円柱をかたどったものとなっていて目を引くが、最も太いオーダーたるトスカナ式が最上層で用いられるのはオーダーの規則には反しており、初期ルネサンスならではの自由な手法といえるだろう。

一方、グレイト・ホールは中世の木造建築の伝統に連なる二重のハンマー・ビームを連ねた小屋組が特徴的である。ハンマー・ビームとは壁から持ち送りによって張り出された片持ち梁の一種で、この技法により、ホール上方から巨大な梁が排除されて開放的な空間となる。

主要階は1階と2階で35室からなる。その他に80もの部屋やさまざまなサーヴィス空間がある。17世紀後半、フィレンツェやヴェネツィアに遊んだ第5代エクセター伯爵ジョンの時代にイタリ

271

ア・バロック様式の内装に改装され、とりわけ、アントニオ・ヴェリオによる壁画があるヘヴン・ルーム（天国の間）が著名である。トロンプ・ルイユの技法でコリント式オーダーによるポルティコが透視図法で描かれている。曾孫の第9代伯爵ブラウンロウは庭園を「ケイパビリティ」・ブラウンに委ね、いわゆるパラディアン・ブリッジが際立つ風景式庭園となった。

Castle Drogo
カースル・ドロゴ

カントリー・ハウスとしては比較的新しく、建設されて1世紀ほどしかたっていない。設計者は20世紀前半のイギリスの代表的建築家エドウィン・ラッチェンズ（1869-1944）で、1911年から1930年にかけて、若き富豪ジュリアス・ドリューのために建てられた。総花崗岩造の城館で、中世風の外観に落とし戸や矢狭間も施されている。一方で、半地下の厨房の上部にはパラーディオ主義に属する浴場窓も用いられている。

20世紀の城館であるゆえ、水道などの設備は近代的で、当時新しかったアスファルトによる防水も試みられていて、屋根はこの工法を用いた陸屋根である。陸屋根とは、屋上をほぼ平らに仕上げた屋根の形式のことで、現在のビルディングなどに普通に用いられているが、これを成立させるにはたしかな防水技術が確立していなければならない。当時はそれが不十分で、本城館は水漏れに悩まされることになった。窓の方も窓台周りに欠陥があり、結局、防水については新たな構法で修復せざるをえなくなった。

Castle Howard
カースル・ハワード

1699年、第3代カーライル伯爵はその友人で、当時は劇作家だったジョン・ヴァンブラにカントリー・ハウスの設計を依頼した。実務を補佐するのはニコラス・ホークスムアである。設計は1702年まで続き、東側から西側へと建設が進んでいった。

そのファサード・デザインはローマ・バロック的なもので、ルイ・ル・ヴォーのコレージュ・デ・キャトル・ナシオン（パリ）を想起させるような、中央にドームを頂き、中央パヴィリオンから両翼が湾曲して前方にせり出していく立体的なファサード造形が特徴である。中央パヴィリオンのファサード中央にはペディメントを頂いた古代神殿風の造形が配され、パラーディオ主義もなおこだましているが、背面の南側ファサードは全体がピラスターによって装飾されており、この点ではフランスのマルリー宮殿をフィルターとしたパラーディオ主義だと評しうるだろう。また、中央パヴィリオン端部のピラスターの処理（端部から少し離してピラスターを配する手法）もバロック的である。

そこも含めて、カースル・ハワードの外観はのちのブレナム・パレスに通ずるものがある。グレイト・ホールとサルーンが中央軸線上に配置され、サルーンの両側にアパートメント（アパルトマンの英語形）が展開された平面もブレナム・パレスと共通しており、マナー・ハウスの伝統ではなくフランス風の手法に近い。

だが、1726年にヴァンブラが亡くなったとき未完成であり、西翼棟はまだ建設されていなかった。1738年に施主が亡くなったときも未完成で、第4代伯爵はヴァンブラよりも保守的なパラーディオ主義的デザインを主体としたものに立ち戻った。規模といいデザインといい、ヴァンブラによる情熱的なバロック建築とは不釣り合いで、冷たい古典主義となっている。

Chatsworth
チャッツワース

ここにカントリー・ハウスを初めて構えたのは、16世紀のイングランドの女傑シュルーズベリー伯爵夫人エリザベス・タルボット、通称「ハードウィックのベス」である。当時は建設に適さない湿地が悪条件となったが、初代デヴォンシャー公爵ウィリアム・カヴェンディッシュの代に現在のカントリー・ハウスが整えられ、1707年に完成した。

中庭を囲んだロの字形平面で、東棟と南棟は当時の代表的な建築家の一人ウィリアム・トールマン（1650-1720）による。南棟の西端にスクリーンズ・パッセイジとミンストレル・ギャラリーを備えた伝統的なホールが位置しているが、もはや城館の中心的存在ではなく、

【図2】
カースル・ハワード主要階平面図
当初案では中央パヴィリオンの左右のパヴィリオンはほぼ左右対称形だった。
コリン・キャンベル『英国のウィトルウィウス』より

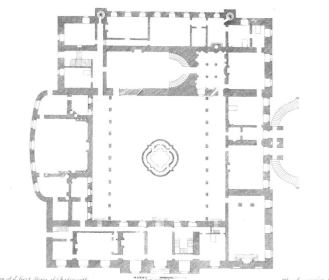

【図3】
チャッツワース1階平面図
平面図右側が南側。
コリン・キャンベル『英国のウィトルウィウス』より

ここだけで隔絶した場となっている。中央が湾曲して張り出した北翼は建築家トマス・アーチャー、西翼は確実ではないが公爵自身の設計だという。中央にペディメントを頂いた四柱式神殿風のパヴィリオンを備えた典型的なパラーディオ主義によるこの西翼が主ファサードとなる。

だが、庭園の池に面した南翼がファサード・デザインとして優れる。デザインの力点は中央ではなく両端のパヴィリオンに置かれていて、そこだけに2層を貫くイオニア式のジャイアント・オーダーのピラスターが4本ずつ施されている。ジャイアント・オーダーの直上には手摺壁を模した装飾が付けられ、外からみて陸屋根にみえるが、手摺壁の後ろに低勾配の屋根が架けられている。

これはもともとイタリアの近世建築によくみられる手法で、ルーヴル宮殿やヴェルサイユ城館でフランスにも取り入れられ、以後、フランスの邸宅建築でもよくみられるようになった特徴である。とりわけ、本作の直前に現れたジュール・アルドゥアン＝マンサールによるマルリー宮殿を思わせるデザインといえる（もっとも、マルリー宮殿ではピラスターではなくトロンプ・ルイユで描かれたオーダーだが）。

Drayton House
ドレイトン・ハウス

ノーサンプトンシャーのこの地は、ヘイスティングズの戦い（1066）で武勲をあげたオーブレ・ド・ヴェールが賜って以来、ド・ヴェール家が継いできた。13世紀初頭に家名をドレイトンと改めている。1300年頃、シモン・ド・ドレイトンがマナー・ハウスを建設しており、この部分が現存する最も古い部分である。1328年にはクレノー建設許可を得ている。クレノーとは、バトルメント（鋸歯形胸壁）の凹部、すなわち、矢を射るための狭間のことであり、射手を守る凸部はメルロンという。その建設許可は、要するに諸侯に居城の築城化を許可するものだった。

その後、17世紀末から18世紀初頭にかけて、ジョン・ウェブやウィリアム・トールマンなどによって大改装され、バロック様式の内装がみられるようになった。1680年頃にオーク製の螺旋階段が設えられ、1700年に刺繍入りの盛儀寝台が設置された。1770年にサックヴィル家が購入したあとには、2部屋のみアダム様式で再装飾されている。

Haddon Hall
ハドン・ホール

ハドン・ホールの歴史は12世紀にまでさかのぼり、中世の築城化されたマナー・ハウスの貴重な現存例である。下郭（ロウアー・コートヤード）と上郭（アッパー・コートヤード）からなり、その間に1370年に建設されたバンケティング・ホールとスクリーンズ・パッセイジ、パーラー（parlour：英、談話室。フランス語の「話す」[parler]に由来）とグレイト・チェインバー（大寝室）等の主要部がみられる。

とくにバンケティング・ホールは城館の中心であり、中世には家族がそろってここですごしたという。ホールへはスクリーンズ・パッセイジを通じて入るという伝統的なアプローチがみられる。スクリーンズ・パッセイジ直上にはミンストレル・ギャラリーという楽士のためのバルコニーがある。一方、ホールの奥にはダイニング・ルーム、直上にグレイト・チェインバーがある。もともと天井の高い一体の部屋だったものを上下に分割したのである。

バンケティング・ホールから上郭を抜けて上郭奥に入ると、14世紀後半のステイト・ベッドルーム（盛儀寝室）や「鷲の塔」などがある。

盛儀寝室とは、身分の高い客人をもてなすための寝室である。16世紀から17世紀にかけても各種の付属棟が増築された。上郭の南翼棟の2階全体に設けられたテューダー朝様式のロング・ギャラリーは庭園と上郭の両方に窓が開いていて悪天候下でも散策を楽しむことができた。16世紀以降は居住性の改善のため、外壁には大きな窓が設けられるようになってきており、ここが軍事的な機能を持つ「築城」（fortification：仏、英）ではなくなった以上、当然のことだった。

Harewood House
ハーウッド・ハウス

もともと、ラッスルズ家（ラシェル家）はノルマン・コンクェスト（1066）のときにイングランドに渡来した一族であり、少なくとも14世紀初頭からヨークシャーに居を定めていた。本城館は、17世紀末にアンティル諸島の英領バルバドスで砂糖のプランテーション経営で財をなし、初代ハーウッド男爵となったエドウィン・ラッスルズが建てた。最初はウィリアム・チェインバーズ（1723-96）に依頼したが、紆余曲折あり、ジョン・カーとロバート・アダムによって1759年から1771年にかけて設計され建設された。庭園は「ケイパビリティ」・ブラウンによる。

中央パヴィリオンが比較的大きく、その中央にはペディメントを頂く六柱式の古代神殿風要素が施されたパラーディオ主義的デザインである。インテリアはロバート・アダムで、エントランス・ホール全体のグレーの色彩にアクセントを与えている茶色のドリス式オーダーとフリーズのメアンダー（雷紋）、オールド・ライブラリーのコリント式ピラスターなどにグリーク・リヴァイヴァルの特徴が現れている。アダムはカーの設計に口は出さなかったが、インテリアはほとんど手がけ、ジョゼフ・ローズやウィリアム・コリンズのような優れたスタッコ職人を登用した。19世紀にチャールズ・バリーなどによってインテリアが一部改装されたので、アダムの内装がみられなくなった広間も少なからずある。

Hatfield House
ハットフィールド・ハウス

ここにはもともと、ヘンリー8世（在位1509-47）の「オールド・パレス」があり、ここで3人の子、メアリー（のちのメアリー1世、在位1553-58）、エリザベス（のちのエリザベス1世、在位1558-1603）、エドワード（のちのエドワード6世、在位1547-53）が育った。1603年にエリザベス1世が亡くなり、スコットランド王ジェイムズ6世がジェイムズ1世（在位1603-25）としてイングランド王に即位して、ステュアート朝時代となった後の1607年5月、ジェイムズ1世は初代ソールズベリー伯爵ロバート・セシルと地所の交換を行い、ハットフィールドは伯爵の手に帰した。カントリー・ハウスの建設は間をおかず実施され、1611年に完成した。

設計を担当したのは石工棟梁ロバート・ライミングだが、王の建設総監サイモン・バジルやイニゴ・ジョーンズ（1573-1652）も関与したといわれる。赤煉瓦を主体とし、白い切石を隅石に用いた城館には、オーダーは使われていないが、各階に施された水平装飾帯と大きな窓は、イタリア以外の初期ルネサンス建築の特徴であり、ジェイムズ1世時代に建てられた本作はジェイムズ1世様式ともいう。17世紀初めはイタリアではすでにバロック建築の時代であり、ジェイムズ1世様式においては初期ルネサンスといってもイタリアの後期ルネサンス（マニエリスム）の要素も導入されることがある。本

273

作ではマーブル・ホールの壁面装飾やグランド・ステアケース(大階段室)の手摺の装飾にそのような傾向がみられる。一方、ファサード正面中央のみ3層構成となっていて、下からドリス式、イオニア式、コリント式の2組の双子柱が積層したスーパーコラムニエーションはフランスの建築家ド・ロルム(Philibert de L'ORME, 1514-70)などのルネサンス城館建築の入口のデザインによくみられる。

Highclere Castle
ハイクレア・カースル

　この地にはテューダー朝様式の赤煉瓦のカントリー・ハウスが建っていたが、18世紀末から19世紀初めにかけてジョージ様式(ジョージアン様式)に改められ、さらに1838年に第3代カーナーヴォン伯爵により大改装が着手された。これが現在の城館であり、ネオ・ゴシック様式による国会議事堂の平面設計をしたことで知られるチャールズ・バリーが手がけた。事業がおおむね完成したのは1878年のことだった。この間、1860年代から1870年代にかけてベンジャミン・ディズレーリ(1804-81)などの内閣で要職を務めた第4代伯爵は、ここを政治活動の拠点とし、さまざまな人々がハイクレア・カースルに集った。

　時代としてはちょうどヴィクトリア女王(在位1837-1901)の治世にあたり、ヴィクトリアン・ゴシックともいわれるネオ・ゴシック様式の内装が、城館の心臓部である「サルーン」などにみられる。バリーが1842年に建設した中央塔の「オーク・ステアケース」とともにトマス・アーロムの作品である。中央塔は「イタリアネート様式」といわれており、これはオーダーを用いていないイタリア・ルネサンスのパラッツォ建築(ローマのパラッツォ・ファルネーゼなど)に倣った様式で、要するに本格的なイタリア・ルネサンスではない。「イタリア的」、「イタリア系」というくらいの意味である。一方、ライブラリーには大きなイオニア式円柱がみられ、古典主義の内装が施されている。その他、ジョージ時代のバロックの内装も「ミュージック・ルーム」などに残る。

Holkham Hall
ホルカム・ホール

　1734年から1764年にかけて、ウィリアム・ケントの設計により初代レスター伯爵トマス・クックが建設した。ファサード中央にペディメントを頂いたイオニア式の六柱式神殿風のポルティコを備え、典型的なパラーディオ主義建築といえるだろう。伯爵は1718年まで大陸にグランド・ツアーに出かけていて、イタリアの古代建築やルネサンス建築への憧れを強めていったのであり、設計者のケントともその時に知り合った。

　マーブル・ホールを中心軸線上に、その両脇に中庭を配した横日の字形平面の中央棟とその四隅から廊下を介して接続されている付属棟4棟からなる平面は、パラーディオのヴィラ・モチェニゴに則っているといわれることもあるが、『建築四書』(*I quattro libri dell' architettura*,1570)に掲載された平面とは明らかに異なっている。強いていえば、付属棟のそれぞれの平面がヴィラ・モチェニゴの中央棟に近い。

　アラバスターをふんだんに用いた「マーブル・ホール」(大理石ホール)には堂々たるイオニア式の円柱が並ぶ。このイオニア式円柱はローマのフォルトゥーナ・ウィリーリス(男運女神)神殿(現在はテヴェレ川の港の神ポルトゥヌス神殿とされるが、アウグストゥス帝時代にはすでに男運女神の神殿とみなされていた)のそれをかたどったもので、

格天井はローマのパンテオンを元にしたイニゴ・ジョーンズのデザインに倣っている。奥にアプスを備え、円柱で周囲を囲まれた内部空間も、古代ローマのバシリカ(ホール建築)を思わせる。それゆえ、マーブル・ホールのデザインはパラーディオ主義の発露であると同時に、新古典主義の一種であるローマン・リヴァイヴァルのインテリアと評することもできるだろう。

Houghton Hall
ハウトン・ホール

　1721年に事実上イギリス初の首相となった初代オーフォード伯爵ロバート・ウォルポールのために1720年代に設計・建設された。イングランド初の本格的パラーディオ主義建築といわれており、コリン・キャンベルとジェイムズ・ギブズが設計した。キャンベルは『英国のウィトルウィウス』(1715、1717、1725)の著者としても知られており、本作の図面も第3巻(1725)に収録されている。ウォルポールはホイッグ党員であり、本作はホイッグ党員のパラーディオ主義好みを決定付けたともいえるだろう。

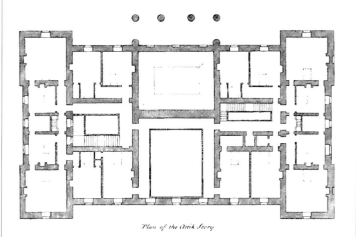

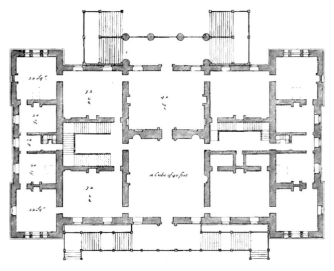

【図4】
ハウトン・ホール主要階平面図(下)、アティック階平面図(上)
入口側中央に配されたエントランスは1辺40フィートのキューブ・ルームである。
アティック階とは最上階のやや天井高の低い屋階のことである。
コリン・キャンベル『英国のウィトルウィウス』より

ファサードは典型的なパラーディオ主義建築で、中央にペディメントを頂いたイオニア式ハーフ・コラムによる四柱式神殿をかたどった造形があしらわれ、端部パヴィリオン1階にはヴェネツィア窓がみられる。全体はトマス・リプリーにより選ばれたエイズルビー産砂岩で築かれている。中央軸線上に玄関と2層吹き抜けのホールが連なるほぼ左右対称の平面であり、マナー・ハウスの伝統よりも大陸のルネサンス、バロック建築の平面の影響が濃いが、大階段は独立したステアケース（階段室）として設けられた。1727年、ウォルポールは内装と家具のデザインをウィリアム・ケントに委ねている。マーブル・パーラー（大理石の談話室）などの天井に優れたスタッコ装飾がみられ、これはヴェネツィアの職人アルターリによる。

オーフォード伯爵家は第3代伯爵の代に傾き、絵画コレクションを売却せざるをえなくなった。彼には子がいなかったので、第2代伯爵の弟ホレスが第4代伯爵となった。彼はゴシック小説家として有名で、そのストロベリー・ヒルの館はゴシック・リヴァイヴァルの代表例として有名である。彼もまた子がいなかったので、初代伯爵の女系の曾孫である初代チャムリー侯爵が相続したが、10年ほどしか住まなかった。1884年から1916年にかけてはさまざまな人々に貸し出され、第1次世界大戦後にのちの第5代侯爵夫妻が住むようになってから修復された。

Kedleston Hall
ケドルストン・ホール

1759年から設計、建設された。当初の建築家はジェイムズ・ペイン、および、ホルカム・ホールにかかわった建築家の一人マシュー・ブレティンガムであり、パラーディオの実施されなかったヴィッラ建築の図面をもとに設計されたパラーディオ主義建築である。中央棟と左右の翼棟の正面中央にペディメントを頂いた古代神殿風のデザインが施されている。中央棟の背後の両側にも付属棟が建設される予定だったが、これらは実施されなかった。中央棟の南北を貫く中央軸線上にマーブル・ホールとサルーンが配され、全体は左右対称の平面となっている。

当初、ロバート・アダムが庭園内の四阿を手がけており、その才能を見込んだ施主ナサニエル・カーズンにより本館の建築家として抜擢された。南側ファサードの中央には、ローマのセプティミウス・セウェルス帝記念門やコンスタンティヌス帝記念門をかたどった、いわゆる「凱旋門モチーフ」がみられる。凱旋門モチーフとは、中央に大アーチを頂く開口部、その両脇に小アーチを頂く開口部を備え、4本のコラムがアーチ群の両脇に配されて、頂部にはアティック・ストーリー（attic storey：英、本来は皇帝の事績を説明する銘板のためのスペース）を載せた形態をいう。インテリアでも、パンテオンのようなドームを備えたサルーンやコリント式円柱が林立するマーブル・ホールがデザインされ、ローマン・リヴァイヴァルの系統の新古典主義デザインが花開いた。

Little Moreton Hall
リトル・モートン・ホール

チェシャーの有力な地主ウィリアム・モートンが16世紀初頭に着工したマナー・ハウスで、17世紀初頭まで建設が続いた。いわゆるテューダー朝様式のハーフ・ティンバー建築で、壁面の木部の模様が美しい。写真は南側からの南翼棟の外観で、3階部分のすべてをロング・ギャラリーが占めている。

Longleat House
ロングリート・ハウス

1580年にはおおよそ完成したエリザベス1世治世下の代表的なカントリー・ハウス。施主は初代サマセット公爵に仕えたジョン・シンで、ロバート・スミスソンも関与したといわれるが、施主自身がかなりの部分を設計したと思われる。ファサードは3階建ての建物が3階建てにみえるよう、オーダー3層構成のスーパーコラムニエーションの技法が適用されていて、典型的なルネサンス建築の特徴を備えている。イングランドの中ではかなり早い本格的ルネサンス様式の適用例だといえよう。オーダーの3層構成に対応して内部も3階建てであり、正面の南棟1階にグレイト・ホールとステアケース、東棟2階にギャラリーが配された。

一方、平面をみると、ファサード中央に対応するところにスクリーンズ・パッセイジが設けられ、そこから右側に折れ曲がって2層吹き抜けのグレイト・ホールに入るというアプローチ方法が取られており、要するにマナー・ハウス以来の伝統的な計画手法が用いられている。逆にスクリーンズ・パッセイジから左に曲がるとステアケースがあった。それゆえ、ファサードがほぼ完全に左右対称であるのに対し、平面はそうではなく、計画者にとって両者を整合させるところに設計の腕を発揮する余地があった。ただ、19世紀初頭、第2代バース侯爵の代にジェフリー・ワイアットヴィルの改装事業で、この階段室はクリストファー・レンが設えたグランド・ステアケース（大階段室）とともに撤去され、スクリーンズ・パッセイジの正面奥の中央軸線上にグランド・ステアケースが新たに築かれている。全体は変則的な逆E字形平面だったが、この改装事業により横日の字形平面となった。また、イタリア・ルネサンス美術の虜となった第4代侯爵の代に内装はイタリア・ルネサンス様式に大改装されている。

Nostell Priory
ノステル・プライオリ

「プライオリ」（小修道院）という名のとおり、1122年に設立された、アウグスティヌス会派のセント・オズワルド小修道院に源がある。1536年のヘンリー8世による「小修道院解散令」によって多くの小修道院が解散してその地所が新興貴族の手に渡り、本修道院も1540年にヘンリー8世に屈してトマス・リーのものとなった。その後、さまざまな人々の手に渡り、1654年にウィン家が、破産した当時の当主から購入することとなった。1722年にローランド・ウィンが住むようになり、1727年にグランド・ツアーから帰国すると新たな邸宅の構想を始め、1729年に地元の建築家ジェイムズ・モイザーが設計を請け負い、1736年にジェイムズ・ペインが建設を始めた。

ファサード中央にペディメントを頂いた六柱式神殿をかたどった造形を配した外観は平凡なパラーディオ主義的デザインと評さざるをえないが、1765年に次代のローランド・ウィンが領地を継承すると、ロバート・アダムに事業を委ね、1766年からライブラリー、タペストリー・ルーム、サルーン、トップ・ホールなどの優れた内装を手がけていった。アダムはグリーク・リヴァイヴァルのインテリアで建築史に名を残したインテリアの巨人である。画家アントニオ・ズッキ、左官の小ジョゼフ・ローズ、家具職人トマス・チッペンデールも腕を振るい、今でも有数のチッペンデールの家具のコレクションを誇る。だが、1785年に施主が馬車の事故で亡くなると事業は未完成に終わった。

Osterley Park
オスタリー・パーク

　1570年代にトマス・グレシャムによって建設されたテューダー朝時代の赤煉瓦のマナー・ハウスを、1713年に銀行家フランシス・チャイルドが購入し、1761年、同名の孫がロバート・アダムに大改装を委ねた。当初のコの字形平面の空いている1辺にイオニア式の六柱式神殿風ポルティコを建設してパラーディオ主義的なファサードを構成している。四隅の塔は残され、エリザベス1世様式の面影を残している。ペディメントの勾配はローマ風というよりギリシア風だが、ポルティコの前に階段を備えているところはローマ風といえよう。

　ポルティコをくぐると中庭に通じており、中庭を直進するとエントランス・ホールに至る。ここは賓客をもてなす晩餐会や舞踏会が開かれる場であり、用途に応じて家具が運び込まれていた。グリーク・リヴァイヴァル的な装飾（メアンダーや波形装飾など）とローマン・リヴァイヴァル的な構成の組み合わせであり、左右にアプス（半円形平面の窪み）を備えた平面は、小なりといえどローマの皇帝たちのフォルム（フォーリ・インペリアーリ）を思い起こさせる。その他の部屋の内装もアダムが手がけた。なかでも、エトルリアの壺に着想を得たというエトラスカン・ドレッシング・ルーム（エトルリア風の更衣の間）はローマン・リヴァイヴァルの傑作で、ポンペイ第3様式の内装を思わせる。

Ragley Hall
ラグリー・ホール

　1680年、初代コンウィ伯爵エドワード・コンウィの依頼でロバート・フック（1635-1703）が設計した。正面ファサード中央にペディメントを頂いていて、パラーディオ主義の趣があった。その部分に面してグレイト・ホールが配され、それを中心としてほぼ左右対称の平面を持つ。グレイト・ホールは1750年代にジェイムズ・ギブズによってトロンプ・ルイユの技法を用いたイタリア・バロック様式で装飾された。その後、1780年にジェイムズ・ワイアットによってレッド・サルーン（赤の間）とモーヴ・ルーム（藤色の間）が装飾され、正面ファサード中央にペディメントを頂いたイオニア式の四柱式神殿風ポルティコが加えられた。この増築により本作はパラーディオ主義的色彩を強めたといえるだろう。

　1940年、先代当主の第8代ハートフォード侯爵ヒュー・シームアが継承したときは第2次世界大戦中であり、ラグリー・ホールも病院として使用された。1956年から修復事業が始まり、1958年に一般公開が開始された。1969年から1983年にかけてハートフォードシャー出身の画家グラハム・ラストにより南側大階段室にイタリア・バロック風のトロンプ・ルイユの技法で大壁画・天井画「誘惑」が描かれ、一族の人々の姿もみえる。1991年に現当主が相続した。

Syon House
サイアン・ハウス

　現在の城館は、1594年に婚姻によりサイアンを継承した第9代ノーサンバーランド伯爵ヘンリー・パーシーの時代にあらかた整備されたものである。四隅に塔を備え、ファサード上端にバトルメント（鋸歯形胸壁）のような装飾がみられる全体の外観は初期イングランド・ルネサンス様式の範疇に入るだろう。周辺にはフランス式の幾何学庭園も造園された。

　1750年には、第11代ノーサンバーランド伯爵の孫である第7代

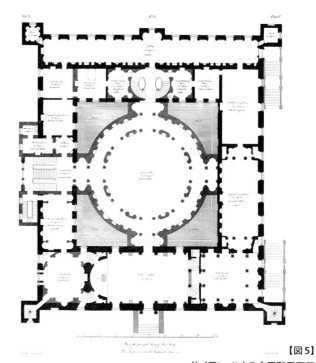

【図5】
サイアン・ハウス主要階平面図
主要階（principal floor）はここでは1階にあたる。
ロング・ギャラリーが背面に配されている。
中央の「ロトンダ」は結局実現しなかった。

サマセット公爵の娘エリザベスと結婚したヒュー・スミソン（のちの初代ノーサンバーランド公爵）がエリザベスとともにサイアンを継承している。現代的な趣味を持っていた夫妻の意向を反映して、庭園の改装を「ケイパビリティ」・ブラウン、内装の改装をロバート・アダムが実施した。ロの字形平面の中庭には「ロトンダ」と呼ばれる円筒形の空間が計画されたが、これは実施されなかった。アプスを備えた2層吹き抜けのグレイト・ホールは古代ローマのバシリカ（ホール建築）に着想を得たもので、正面から見て左手にアプス、右手にアンティ・ルーム（控えの間）へのナルテクス（ホール本体とドリス式円柱の列柱で区切られた玄関の間）が配されている。12本のイオニア式円柱で装飾されたアンティ・ルーム、アプスを両端に備えたステイト・ダイニング・ルーム（正餐室）、レッド・ドローイング・ルーム（赤の貴賓室）を経て、62本のコリント式ピラスターで装飾された長さ41.4メートルのロング・ギャラリーに至る。この間、廊下はなく、アンフィラードの形式で平面は構成されている。

Wilton House
ウィルトン・ハウス

　1544年、ヘンリー8世（在位1509-47）がのちに初代ペンブルック伯爵に叙されるウィリアム・ハーバートにこの地を与え、エドワード6世（在位1547-53）時代にマナー・ハウスが建設されたが、ホールのある側は12年ほど後に消失した。再建されたのは第8代伯爵トマスの時である。一方、現在のカントリー・ハウスの主要部分は第4代伯爵フィリップの時にイニゴ・ジョーンズによって1640年までに建てられた。テューダー朝時代の建築で現存するのは東側ファサードの中央パヴィリオンのみである。

　主棟はロの字形平面であり、四隅に南側正面と北側背面に向けたペディメントを頂く塔屋が配されている。南側正面ファサード中央には双子柱の上にアーチを頂いた開口扉が配され、これはパラーディアン・モチーフといえないこともないが、パラーディオ主義という

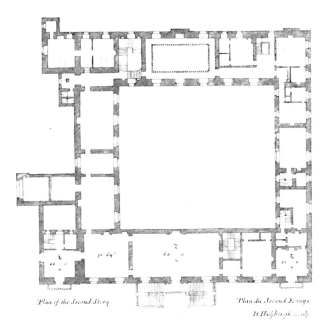

【図6】
ウィルトン・ハウス2階平面図
入口側中央にダブル・キューブ・ルーム、その左側にシングル・キューブ・ルームが配され、背面側中央にかつてのグレイト・ホールがある。
コリン・キャンベル『英国のウィトルウィウス』より

よりバロック様式の特徴でもある。その奥にはジョーンズがデザインしたグレイト・ダイニング・ルーム（『英国のウィトルウィウス』掲載図面のフランス語表記は単なる「グランド・サール」）があり、天井画や暖炉、マントルピースなどイタリア・バロック様式の内装がみられる。壁面にはヴァン・デイクによる一族の肖像画が掛けられている。広間の大きさは幅60フィート（約18.29メートル）、奥行き30フィート（約9.14メートル）、高さ30フィートで、パラーディオなどのルネサンスの建築理論でよく触れられるダブル・キューブ・ルームとなっている。他に各辺30フィートのシングル・キューブ・ルームもある。

この時、新たな厩舎や庭園内のロッジア（アーケードなどで屋外と区切った開放的な屋内空間のこと）、グロット（イタリア語で「洞窟」の意）も設けられた。グロットは16世紀のイタリア・ルネサンスの庭園でさかんに作られた庭園装飾である。一方、テューダー朝時代のグレイト・ホールは隣接する礼拝堂と階段室を含めて、1801年に第11代伯爵に招聘されたジェイムズ・ワイアットにより全面撤去され、そこにネオ・ゴシック様式のロング・ギャラリーが建設された。ワイアットは中庭に2層のクロイスター（回廊）も増築しており、これによりアンフィラード形式の平面だったのが、各部屋に直接入ることができる廊下を持つことになった。

Woburn Abbey
ウーバーン・アビー

ラッセル家がウーバーン・アビーを居城としたのは第4代伯爵フランシスの時代の1625年のことだった。1630年代に北翼棟とグロットが建設され、これらは現存する。グロットは16世紀のイタリア・ルネサンスの庭園装飾としてさかんに作られ、フランスでもサン＝ジェルマン＝アン＝レ城館（Château de Saint-Germain-en-Laye）付属庭園に設けられるなど、導入例がある。通常、ファサードは古典主義的だが、内装は貝殻で覆われた海底の洞窟を模したものである。バロック期にはフランスやドイツ語圏諸国などの他のヨーロッパにも広まっていき、ヴェルサイユ城館の「テティスのグロット」（現存せず）やヴィーンの上ベルヴェデーレ城館1階、ミュンヘンのレジデンツ1階のものなど枚挙にいとまがない。1647年にはここでチャールズ1世とオリヴァー・クロムウェルが会っている。第5代伯爵は敗者となった王から杖を賜った。

第4代公爵はグランド・ツアーを体験し（1731年にヴェネツィアでカナレット[1697-1768]の絵画を24枚購入している）、1747年にヘンリー・フリットクロフトを招聘して西翼棟の設計と建設を委ねた。中央パヴィリオンはペディメントを頂く四柱式神殿をかたどった造形で、端部パヴィリオンにも浴場窓とヴェネツィア窓が施されている。典型的なパラーディオ主義のファサードといってよいだろう。彼はグランド・ステアケース（大階段室）も手がけた。1770年頃にはウィリアム・チェインバーズ（1723-96）がチェインバーズ・ブリッジを建設している。さらに、ヘンリー・ホランド（1745-1806）によって南翼棟に、コリント式円柱によって3部分に分かたれたライブラリーが設けられた。1840年代には第7代公爵夫人アンナ・マリアが「アフタヌーン・ティー」を行っていた。同じ頃、1841年にはヴィクトリア女王を迎え、以来、ステイト・ベッドルーム（盛儀寝室）は「ヴィクトリア女王の寝室」と呼ばれている。

第1次世界大戦中は軍病院として使われ、第2次世界大戦中は情報戦略本部や海軍婦人部隊に宿舎として提供された。1955年には一般公開が開始され、「ステイトリー・ホーム・ビジネス」の先駆けとなった。

Scotland
スコットランド

現在のイギリスの正式名称は「グレートブリテンおよび北部アイルランド連合王国」（United Kingdom of Great Britain and Northern Ireland）で、これはイングランド、ウェールズ、スコットランド、北アイルランドが連合した王国という意味である。連合王国は1707年にイングランドとスコットランドの議会が合同して始まったが、すでに1603年にエリザベス1世が嫡子なく亡くなったときにスコットランド王ジェイムズ6世（在位1567-1625）がジェイムズ1世（在位1603-25）としてイングランド王に即位してステュアート朝が始まったときからイングランドとスコットランドは同君連合の状態にあった。

この間、イングランド国教会の主教制度のスコットランドへの適用などをめぐって勃発した2次にわたる主教戦争（1639、1640）、英国革命に伴う内乱（1640-60）、名誉革命（1688）後のジャコバイト（ジェイムズ2世支持派）による3世代にわたる策動など、両国の間に微妙な関係があったものの、スコットランドのカントリー・ハウスが本格的に整備されたのは17世紀から18世紀にかけてのことである。

カントリー・ハウスを整備するにあたって、ドゥラムランリグ・カースルやハウプトン・ハウスのように何もないところに新築する場合もあったが、コーダー・カースルやグラミス・カースルなどのように、先祖伝来の「タワー・ハウス」を核として既存の城館を新たな様式で改装することのほうが多かった。

タワー・ハウスとは14世紀後半から17世紀にかけて建造されてきたスコットランド独特の築城（fortification:仏、英）の一形式で、

多くは長方形平面の多層建築だった。屋上には、クレノー（仏語で「隙間」の意で、この場合は「矢狭間」のこと。英語の城塞用語はノルマン由来なので本書では仏語で表記する）とメルロンが交互に配されたバトルメント（鋸歯形胸壁）が施され、隅部にターレット（小塔）が配されることもあった。通常、1階に家畜などが収容され、2階に厨房、3階にグレイト・ホール、4階より上に寝室などが配置された。イングランドの築城にみられる、「ベイリー」（bailey：英）、または「コート」（court：英）と呼ばれる中庭的な空間を城壁や建造物で囲う城塞形式よりも手軽に建造できるため、領主だけでなく裕福な地主階級も建造した。16世紀以降、タワー・ハウスの軍事的な意義が薄れてくると、その周囲に付属棟が建設されて拡張されていき、17世紀から18世紀にかけてカントリー・ハウスとして整えられていったものが多い。その際、タワー・ハウス内のグレイト・ホールはドローイング・ルーム（貴賓室）に改装された。

これらのタワー・ハウスがもとになっているカントリー・ハウスは、17世紀にはバロック様式、18世紀にはジョージ様式、19世紀にはヴィクトリアン・ゴシックのデザインで装われていった。イングランドに比べるとパラーディオ主義の影響はやや薄い。ヴィクトリアン・ゴシックの時代には新築のカントリー・ハウスも多く建設され、いわゆる「スコティッシュ・バロニアル様式」、「バロニアル様式」の優れた作例が多く登場した。「バロニアル」（baronial）はバロン（baron）の形容詞形で、バロンは通常「男爵」と訳されるが、ここでは王国の爵位制度の中での「男爵」ではなく、「封建領主」のことを指す。したがって、あえて邦訳するなら「領主城館様式」といったところである。

このバロニアル様式の特徴の一つとして、アゼ゠ル゠リドー城館（Château de Azay-le-Rideau）やシュノンソー城館（Château de Chenonceau）、シャンボール城館（Château de Chambord）のような初期フランス・ルネサンス城館建築への憧れがある。16世紀前半のフランスでは、火器の本格運用により軍事的な意義を失った「シャトー」が、居住性を高めるべく大きな窓を持つようになり、イタリア・ルネサンス建築に着想を得たポルティコなどの開放的な屋内空間を得て、「城塞」から「城館」へとその性格を変えていった。円錐屋根を頂いた多数のターレットを備えているものが多く、全体として左右対称だが細部はそうなっていないなどの特徴がある。本書で紹介されている作例の中ではダンロビン・カースルが代表例といえよう。

Abbotsford House
アボッツフォード・ハウス

北西方向にツィード川を望む高地に位置する。1811年5月、歴史小説家ウォルター・スコットはこの地にあった小さな農家を購入した。最初はそれをもとに拡張していく予定だったが、ライブラリーの増築構想から始まり、3期にわたって建設事業（1817−19、1822−25、1850年代）が行われるうちに、当初の農家は取り壊され、現在のような城館が出現した。これは長方形平面の大規模建築物で、エントランス・ホール、スタディ（書斎）、ライブラリー、ドローイング・ルーム（貴賓室）が設けられた。

新たな城館の建設は地元の石工ダーニックのジョン・スミス、設計はウィリアム・アトキンソン、内装はエディンバラのデイヴィッド・ラムゼー・ヘイによる。スコットはこの城館をスコットランドの歴史の結晶とすべく、付近の建築物の石材や木製パネルなどの古材を活用し、それらと釣り合う暖炉や天井装飾を構想させ、あえてウ

ェザリングまで施した。暖炉は付近のメルローズ大修道院跡の大修道院長座に着想を得ているという。すなわち、全体はネオ・ゴシック様式といってよい。

Blair Castle
ブレア・カースル

スコットランド北部ハイランドの丘陵地帯に位置する。本城館最古の部分はコミンの塔で、1269年までさかのぼる。バデノッホ卿ジョン・コミン1世によって建設されたことにちなむ名称である。1530年には増築が行われ、グレイト・ホールが設けられた（のちのダイニング・ルーム）。18世紀になり、第2代アソル公爵のときの1740年、中世城塞はジョージ様式の邸宅へと生まれ変わった。外観が白く簡素なのはジョージ時代の改装の名残である。トマス・クレイトンが見事なスタッコ装飾で広間群を装飾し、家具も新調された。

第7代公爵の時の1860年代から1870年代にかけて、エディンバラの建築家デイヴィッド・ブレイスとウィリアム・バーンが外観の改装にあたった。ジョージ時代の改装で取り除かれていたバトルメント（鋸歯形胸壁）とターレット（小塔）が再び建設され、新たなエントランス・ホールとボールルーム（舞踏の間）が加えられた。すなわち、ヴィクトリア時代のネオ・ゴシック的な傾向が反映されたのである。一方で、電話やガス、バスルームといった新たな技術による設備も導入されている。

Blairquhan Castle
ブレアファン・カースル

グラスゴー南方のスコットランド西部に位置する。本城館は1346年にマクウォーター家によって建設されたタワー・ハウスが元である。タワー・ハウスとは中世スコットランドにさかんに建設された塔状住宅で、有事には家畜も含めて一族が籠城することができた。だが、現在みることができる建築物は、1821年に着工して1824年に完成した、リージェンシー時代の比較的新しいものである。

2階建てのネオ・ゴシック様式の邸宅で、玄関ポーチに垂直式ゴシックの尖頭アーチ、ファサード上端にはバトルメント（鋸歯形胸壁）をかたどった装飾が施されている。ファサードには中世末期風の十字窓（マリオン［鉛直方向の桟］とトランサム［水平方向の桟］が十字を描く窓）が並んでおり、カースルがもはや軍事的な築城ではなくなった時代の様式がリヴァイヴァルされている。

2012年に第9代準男爵パトリック・デイヴィッド・ハンター゠ブレアにより中国系企業ガンテン・スコットランドに売却され、結婚式場などに使われている。

Cawdor Castle
コーダー・カースル

インヴァネス北東のスコットランド北部に位置し、北側に北海を望む。現在のコーダー・カースルの歴史は14世紀末までさかのぼる。当初、屋根裏を備えた4階建ての長方形平面のタワー・ハウスだった。防禦のため、出入口は1階ではなく2階に設けられており、これはスコットランドのタワー・ハウスによくみられる特徴である。この部分はエントランスの中庭の奥、全体の中央部に現存している。なお、伝承によると、当時の当主がロバの背に金を詰めた櫃を担がせ、1日の間放つと柊の木のあたりで休んだので、そこに新たな城塞を建設したという。

現在の城館は17世紀に大きな改装を加えられたものである。1640年には厨房が整備され（1938年まで使用）、ダイニング・ルームには1671年4月13日に暖炉が導入されている。中心となるグレイト・ホール（現在のドローイング・ルーム）は16世紀、またはそれ以前に設けられたものだが、多くの改装を経てきており、1684年にはコーダー家の紋章入り暖炉が設けられている。その反対側にはミンストレル・ギャラリーがある。直上には盛儀寝室たるタペストリー・ベッドルームが17世紀に設けられた。

Culzean Castle
カレイン・カースル

スコットランド王ロバート・ブルース（在位1306-29）の裔であるスコットランド貴族カシリス伯爵ケネディ家の居城。現在の城館は1775年に第10代伯爵デイヴィッドが継承した後、1777年からロバート・アダムが改装した。1792年に竣工したが、施主もアダムもその前に亡くなっている。アダムのインテリアの中でも、中央軸線上に配された楕円形平面の3層吹き抜けのオーヴァル・ステアケース（楕円形の階段室）とラウンド・ドローイング・ルーム（円形平面の貴賓室）が特筆に値する。オーヴァル・ステアケースの2階は12本のコリント式円柱、3階は12本のイオニア式円柱で装飾されているが、スーパーコラムニエーションの手法としては両オーダーの順番が逆になっている。

外観はバトルメント（鋸歯形胸壁）を備えた中世城塞的なものだが、開口部は大きく開かれており、正面ファサードはほぼ左右対称で、4箇所の小塔で区切られた3部分構成のルネサンス建築的な秩序がみられる。このファサードに面した最上階のアパートメントは、第2次世界大戦後にケネディ家からスコットランド・ナショナル・トラストに寄贈された時に、ヨーロッパ方面の連合国軍最高司令官だった米陸軍のドワイト・D・アイゼンハワー元帥に贈られた。元帥は4度訪問し、最後の訪問時には米国大統領となっていた。

Dalmeny House
ダルメニー・ハウス

1490年までさかのぼるスコットランド貴族ローズベリー伯爵プリムローズ家の居城。1662年にアーチバルド・プリムローズ（1616-79）がダルメニーの地所を購入し、その子アーチバルドが初代ローズベリー伯爵となった。現在の城館は、第4代伯爵アーチバルドの代に、その大学時代の友人である建築家ウィリアム・ウィルキンズ（1778-1839）によって設計され、1817年に竣工したテューダー朝様式のネオ・ゴシック建築である。ハンプトン・コート宮殿が一つのモデルとなった。ウィルキンズはのちにケンブリッジのキングズ・カレッジなどのネオ・ゴシック建築を設計している。

テューダー朝様式が最も反映されているのは、ハンマー・ビームによる小屋組を頂く2層吹き抜けのエントランス・ホールで、ホールの壁面に階段が設けられて、ステアケースにもなっている。一族の肖像画のほか、第5代伯爵の前任の首相グラッドストンの胸像もある。一方、ライブラリー、貴賓室、ダイニング・ルームなどは簡素な近世のインテリア様式で設えられている。

Drumlanrig Castle
ドゥラムランリグ・カースル

グラスゴー南方の山地に位置する、ブリテン島最大級の城館。1684年に当時の当主ウィリアムが初代クイーンズベリー公爵とな

ったときに、公爵の居城にふさわしいものとして建設された城館が現在みることができるものである。

四隅に城塔のようなパヴィリオンを備えた、ほぼ左右対称の口の字形平面で、中庭の四隅に中世的な螺旋階段を備えるが、隅部パヴィリオンを除く正面北側ファサードに2層を貫くジャイアント・オーダーが並び、中央に半円形ペディメントを頂いたパヴィリオンと湾曲する外部階段を備えているところは、同時代のバロック建築の影響を受けているといってよい。

もちろん、廊下を持たないアンフィラード形式の平面計画がなされており、中庭の2辺にサーヴィス動線用の廊下が設けられているだけである。1階は正面のみ前面に張り出していて、その屋上が主要階である2階のテラスになっている。東西側面と南側背面のファサードの前面には幾何学式庭園が配置され、北側正面の前面には中央軸線を貫く道路が延びていて、ヴェルサイユ城館などにみられる軸線を基調にしたバロック的配置計画がみられる。

Dunrobin Castle
ダンロビン・カースル

スコットランド北部ハイランドのゴルスピー付近に位置し、カントリー・ハウスの中では最も北端に位置するといってよいだろう。13世紀初頭からスコットランドの名家サザーランド伯爵家（のちに公爵家）の居城である。「ダン・ロビン」とは「ロビンの丘塞」という意味で、第6代サザーランド伯爵ロバート（1427年没）の名にちなむ。

現在の城館は、1845年からチャールズ・バリーによって設計されたもので、円錐形の城塔の屋根をはじめとして初期フランス・ルネサンス城館建築の影響もあり、海岸方向に延びる庭園もフランス式庭園である。このようなデザインを「スコティッシュ・バロニアル様式」といい、これは「スコットランド領主城館様式」というくらいの意味である。ヴィクトリア時代に邸宅建築において流行した様式で、これもヴィクトリアン・ゴシックの範疇に入るかもしれないが、リヴァイヴァルされているのは、ゴシック建築とルネサンス建築の折衷たる16世紀のブリテン島やフランスの初期ルネサンス建築だった。

バリーの設計は、長方形平面の古い城塞のキープ（城塞の中心となる塔のこと）を保存しつつ、海側に左右対称の初期フランス・ルネサンス城館建築のようなファサードと棟屋を連ねた巧みなものだった。だが、インテリアは1915年に焼失してしまったので、スコットランドの建築家ロバート・ロリマーが再建した。彼はまた、主城塔と時計塔の上部をスコットランド・ルネサンス様式に改装した。

Floors Castle
フローズ・カースル

スコットランド貴族第5代ロクスバラ伯爵ジョン・カーはスコットランドとイングランドを連合させた連合王国の成立に功績があり、初代ロクスバラ公爵となった。それを受けて、公爵家にふさわしいカントリー・ハウスを、1721年にフロリス邸と呼ばれていた建築物の敷地に、当初のタワー・ハウスを組み込む形で建設した。設計したのはエディンバラの建築家ウィリアム・アダム（1689-1748）、すなわち、ロバート・アダムの父である。正面ファサードは北西を向いており、中央棟の前方斜め前に廏舎（北東側）と厨房棟（南西側）が設けられた。この形式は1650年代のヴォー=ル=ヴィコント城館や1660年代のヴェルサイユ城館など、フランスでよくみられ、イングランドでも1700年前後のカースル・ハワードやブレナム・パ

279

レスなどの大規模カントリー・ハウスで採用されている。

当初、オーダーや装飾があまり施されていないジョージ様式のファサードのカントリー・ハウスだったが、第6代公爵の代の1837年から1847年にかけてウィリアム・プレイフェアが初期ルネサンス様式の城館のように改装した。ファサード上端に施されたバトルメント（鋸歯形胸壁）とターレット（小塔）はヴィクトリア時代のバロニアル様式の城館によくみられる特徴である。さらに20世紀初頭、第8代公爵が米国の大富豪の娘で相続人のメイ・ゲレットと結婚したことで、本城館にその膨大な美術品コレクションや調度品・磁器コレクションが到来した。1930年代には、南東側背面ファサードに面したドローイング・ルーム（貴賓室）、ボールルーム（舞踏の間）などの数室が改装されてブリュッセル織りやゴブラン織りのタペストリーが掛けられた。

Glamis Castle
グラミス・カースル

アンガス牛で知られる、スコットランド北部アンガス州の平地に位置する。11世紀にマルコム2世がここで暗殺されたという言い伝えがある。1372年、スチュアート朝初代のスコットランド王ロバート2世からジョン・ライアン（1376年に王女と結婚）が賜ったが、当初は王家の狩猟館だったと思われ、現在の城館の最古の部分は15世紀前半以降のものである。1606年、第9代グラミス領主が初代キングホーン伯爵となり、第3代伯爵は同時に初代ストラスモア伯爵に叙せられている。本城館が現在の姿に改装されたのは、この時期、17世紀から18世紀にかけてであり、さらに初期フランス・ルネサンス城館建築のような姿に改められたが、中央部に当初のタワー・ハウスは残っている。現在の当主は2016年2月27日に父の跡を継いだ第19代ストラスモア伯爵サイモン・パトリック・ボーズ＝ライアンである。

城館の平面は、中央部に3層構成のかつてのタワー・ハウスを中心に西側と南東側に付属棟を増築したもので、さらに北東方向に横日の字形を描く付属棟がある。タワー・ハウス部分は3層構成で、1階に厨房、2階にホール、3階にグレイト・ホールが配されている。グレイト・ホールの南東にはアンティ・ルーム（控えの間）、その反対側には礼拝堂があり、グレイト・ホールとアンティ・ルームの角には螺旋階段が設けられている。

Hopetoun House
ハウプトン・ハウス

1699年から1701年にかけてウィリアム・ブルースの設計で、チャールズ・ホープ（1681-1742）のために建設されたカントリー・ハウス。彼は1703年にスコットランド貴族初代ホープトン伯爵に叙せられ、連合王国の成立に力を尽くした。1721年以降、ウィリアム・アダムによって拡張され、イギリス式庭園も設けられた。1748年に彼が亡くなると、その息子たちジョンとロバートが事業を引き継いでいる。中央棟の中央部に設けられた、トロンプ・ルイユの技法でトリビューン（2階廊）が描かれたドームを持つ大階段室「トリビューン・ステアーズ」がインテリアの焦点となっている。

平面は同時期に建設されたカースル・ハワードやブレナム・パレスと同様に中央棟の左右前方に付属棟を備えた形式だが、2棟の付属棟はどちらも厩舎に当てられていた。中央棟と厩舎の間はドリス式列柱による湾曲平面のポルティコでつながれていて、パラーディオのヴィッラ建築の影響もみられる。当初、中央棟ファサード中央に

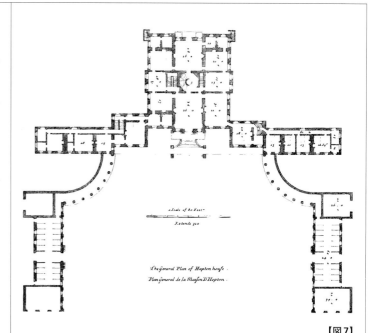

【図7】
ハウプトン・ハウス主要階平面図
中央パヴィリオンは中心に円形平面の階段室を備えた、パラーディオ風の縦横3部分構成となっている。
コリン・キャンベル『英国のウィトルウィウス』より

はペディメントを頂いた2層構成のパヴィリオンが施されており、オーダー使用の少ないジョージ様式だったが、その後、アティック・ストーリーが追加され、1階と2階もジャイアント・オーダーのコリント式ピラスターが施された新古典主義的なものとなり、2棟の付属棟も正面に向けてパラーディオ主義的なファサードを備えた形に増築された。

Inveraray Castle
インヴェラリー・カースル

グラスゴーの北西のスコットランド西岸、ロッホ・ファイン（ファイン湖）に面している。15世紀以来のスコットランド貴族アーガイル公爵キャンベル家の居城。現在の城館は、イギリス・バロックの傑作カースル・ハワードやブレナム・パレスを設計したジョン・ヴァンブラによる18世紀初頭のスケッチをもとに設計された。担当した建築家はロジャー・モリスとウィリアム・アダムで、1746年以降、第2代公爵の代に着工した。バロック様式とパラーディオ主義、そしてゴシック・リヴァイヴァル的な要素が混ざり合ったデザインで、ウィリアム・アダムの死後は息子のジョンとロバートが引き継ぎ、1789年に完成させた。1877年に火災があり、その後、3階部分と隅部城塔の円錐形の屋根が増築されて、初期フランス・ルネサンス城館建築の趣が強くなっている。

ヴァンブラのスケッチをみると、一見、ロの字形平面のようだが、中央の部分は中庭ではなくホールになっている。このコンセプトは建設実施においても継承され、アーマリー・ホール（武具庫ホール）が設けられた。長方形平面の四隅には円筒形の城塔があり、1877年の火災の後に設けられた円錐形の屋根が初期フランス・ルネサンス風の外見をもたらした。これはヴィクトリア時代に流行したバロニアル様式の特徴でもある。

Kinross
キンロス

エディンバラの北方、ロッホ・レヴェン（レヴェン湖）に面した城館。

280

このあたりにはもともと、1372年にロバート2世からダグラス家が賜った城塞があり、スコットランド女王メアリーが1567年から1568年にかけて幽閉されていたことで有名だが、1675年に第8代モートン伯爵は財政的に困難な状況に陥り、ウィリアム・ブルースに売却されたのである。

ブルース自身建築家であり、まずは敷地を整地して幾何学式庭園を営んだ。本作の建設を始めたのは公職から退いた1685年のことだった。躯体は1693年に完成したが、インテリアは1710年に彼が没したときも完成していなかった。全体は長方形平面の、オーダーや装飾がほとんどない簡素なデザインである。

Manderston
マンダーストン

エディンバラの南東のイングランドとの境に近いところに位置する。1855年、リチャード・ミラーがこの地所を入手し、リチャード亡きあと、その弟のウィリアムが買い取った。ウィリアムは麻やニシンなどのロシアとの貿易で財をなし、1874年に準男爵になっている。もともと、ここにはジョージ様式の邸宅が建っていたが、ウィリアムは1871年に建築家ジェイムズ・シンプソンに依頼して、列柱による玄関ポーチ、および、使用人用寝室のためのフランス・ルネサンス風のアティック・ストーリーを増築させた。その後、1874年、長男ウィリアムが早世したため、1887年に次男ジェイムズ(1863-1906)がこの地を相続した。

現在の本城館を建設したのは、このジェイムズである。ジェイムズは名門カーズン家の令嬢イヴリンと結婚し、伝統的な貴族社会とのつながりを得た。彼女の兄弟ジョージはインド副王になっており、ジョージもイヴリンもケドルストン・ホールで育った。それゆえ、ジェイムズはマンダーストンの増改築を急いだ。ボーア戦争から帰還後は建築家ジョン・キンロス(1855-1931)を抜擢して、ケドルストン・ホールのような新古典主義、あるいはアダム様式のカントリー・ハウスの整備を依頼した。こうして、エドワード7世(在位1901-10)時代、すなわち、カントリー・ハウスの時代が終わろうとする時代に、その最後の輝きとしてマンダーストンは登場したのである。

Mount Stuart House
マウント・ステュアート・ハウス

スコットランド西岸のビュート島に位置する。ステュアート朝最初のスコットランド王ロバート2世の庶子から出て男系継承されてきたビュートのステュアート家の居城で、1703年にスコットランド貴族ビュート伯爵位、1796年にグレート・ブリテン貴族ビュート侯爵位が創設され、今に至る。

現在の城館は第2代伯爵の代の1719年に建設され、第3代ビュート侯爵の代の1877年の火災で被害を被ったあと、1880年以降に再建されたヴィクトリアン・ゴシックのものである。担当した建築家はロバート・ロワンド・アンダーソンで、その建築家チームの中にはウィリアム・バージェスもいた。バージェスの事務所では、1877年に来日して日本初の本格的な西洋式建築教育を行ったジョサイア・コンドルやその弟子辰野金吾も働いたことがある。

デザインはゴシック・リヴァイヴァルだが、この館の再建事業には当時の最新技術も導入された。世界最初期の室内温水プールを備え、電気照明、セントラル・ヒーティング、電信電話、エレベーターなどは、おそらくスコットランド初のものだった。それらの多く

はいまだ現役である。また、ほぼ正方形をなす城館平面も、アトリウム的な空間「マーブル・ホール」を中心として、各階でその周囲に回廊をめぐらせて各広間に直接アプローチできるようにした近代的なものである。

Thirlestane Castle
シアレステン・カースル

エディンバラの南東、アボッツフォード・ハウスの北方にあり、イングランドからエディンバラへの攻撃を阻止するための拠点として14世紀に築かれた。その後、1590年にジョン・メイトランドによって現在の中央棟になるキープが完成している。その息子ジョンは1624年に初代ローダーデイル伯爵に叙せられ、その息子の第2代伯爵は英国革命時にはロンドン塔に幽閉されるなど苦境に遭ったものの、王政復古(1660)後はスコットランド担当国務卿となり権勢を振るった。初代ローダーデイル公爵となった彼はそれにふさわしい城館としてウィリアム・ブルースに城館の大改築を依頼している。ブルースは古い城塞の左右前方に新たな塔屋を増築し、グランド・ステアケースを設け、ステイト・ルームズに見事なスタッコ装飾を施した。

ヴィクトリア時代にはローダーデイル伯爵家の社交の中心として、さらなる面積を要するようになり、エディンバラの建築家デイヴィッド・ブレイスとウィリアム・バーンによって、中央棟の両脇に翼棟が増築された。正面の城塔もキープのデザインに合わせられ、中世城塞のような趣が強化された。インテリアではブルースのバロック様式を尊重しながらも、ヴィクトリア時代の快適な要素が付加された。ゆえに現在の城館の平面は、東西方向に延びる軸に沿って奥行き方向にアンフィラードが展開する中央棟に対し、ヴィクトリア時代の北翼棟と南翼棟が直交する形となっている。厨房などのサーヴィス部門はこれらの新翼棟に入っている。

Traquair House
トラクウェア・ハウス

エディンバラのほぼ真南、アボッツフォード・ハウスのほぼ真西に位置する。その歴史は1107年までさかのぼり、現存するスコットランド最古の邸宅といわれる。王家の狩猟館として使われ、その歴史の中で27名のスコットランド王・女王が訪問した。1491年にはジェイムズ・ステュアートが相続して初代トラクウェア領主となり、以来、ステュアート家とそれに連なるマックスウェル゠ステュアート家の居城となっている。

現在の城館の主要部分は16世紀から17世紀にかけて建設されており、1566年には女王メアリーが訪問した。第7代領主の代に最上階が増築され、窓の位置や大きさも完全に再編成されて、外観が一新された。ツィード川の流れを城館から遠くへ変える土木工事も行われている。1633年に彼は初代トラクウェア伯爵に叙せられたが、カトリック王党派の立場が災いしてその後失脚した。

第2代伯爵ジョンは熱心なカトリック信徒と結婚し、以来、最上階の小さな部屋で秘密裏にミサが行われていた。この部屋には司祭のための秘密の階段と隠し扉もある。1690年代半ばにエディンバラの建築家ジェイムズ・スミスによって2棟の翼棟が増築されてコの字形平面となり、それ以来、城館は現在に至るまでその姿をほとんど変えていない。

281

印象に残った城館
Memorable Country Houses
増田彰久

数多くのカントリー・ハウスを巡ってきたが、
なかでも印象に残った館について紹介したい。
日本人にも人気の高い英国の磁器——ミントンやウェッジウッドゆかりの館。
また、イギリス独自の発達をしたロング・ギャラリーで著名な館。
そして何といっても英国の近代建築のスーパースター、ロバート・アダムの手がけた館。
実際に訪れて撮影したときのエピソードとともにその深甚なる魅力を
楽しんでいただければ幸いである。

■ ミントンの食器の柄で有名に
Haddon Hall
ハドン・ホール
イングランド中部、ダービシャー
竣工：12世紀

イングランド中部ダービシャーに建つハドン・ホールは中世の荘園領主の家（マナー・ハウス）として12世紀に創建されたもので、豪華絢爛なカントリー・ハウスになる前の建築で質実剛健な英国のまさに歴史的遺産である。

家の中心の大きなホールがあるプランはマナー・ハウスの典型であり英国建築史のうえでも貴重な遺産である。建物の下を通る街道から見上げると、まるで中世の城である。しかし、外壁には多くの窓があり防衛上はありえない姿をしている。本物の城では壁には窓はつけず城の隅に見張り塔などがあるぐらい。屋上についている狭間（さま）が本物の城よりかなり小さく作られている。攻めてきた敵に対してそこから石を落として侵入を防ぐためのものだが、これではあまり役に立たない。そして中庭に入ると壁に大きなガラス窓が設けられ居住性を高めている。全体は城郭風だが基本的には住まいであることがよくわかる。チャペルは個人の住居の中にあるものとしては英国最古のものであるという。

このところハドン・ホールに日本人の観光客が増えている、と聞いた。今も訪れる人は多い。どうしてかというと、ヴィクトリア女王が愛した陶磁器の有名ブランド「ミントン」が1948年、ハドン・ホールのタペストリーからデザインした食器のシリーズ「ハドンホール」を発表し、それがミントンの永久定番品となり、その名が世界的になった。そして当時、日本でもその絵柄のカップや食器が人気となっていたからである。そこで大ホールのハイ・テーブルの壁に掛けられたタペストリーの実物を遠く日本から大勢の人が見に来るようになったのだと案内人は言う。

大きなタペストリーには五つの紋章と、そのまわりに草花が描かれている。図柄のどこが食器のデザインに使われているのか私も近くに寄ってデザインソースを探してみたが、それは草花の描かれたなかのほんの数センチ角もない部分だった。これを見に日本から押しかけるのである。

■ 最も有名なハーフティンバー
Little Moreton Hall
リトル・モートン・ホール
チェシャー州コングルトン
竣工：16世紀初頭〜17世紀初頭

リトル・モートン・ホールはイギリスでもっとも有名なハーフティンバーの建築である。イングランド地方の森林にめぐまれ、木材が手に入りやすい南部や中西部には日本でもなじみの深いハーフティンバー工法で建てられた建物がやたらに多く見られる。

マンチェスターの南、コングルトンという小さな町の郊外にあるこの領主の家は英国最古の堀（モート）に囲まれている。これは中世城郭の名残で17世紀頃までの館ではよく見られるスタイルである。

外観は柱と梁や筋違（すじかい）などを組み合わせた黒い柱と白い漆喰壁が織りなす素朴でロマンティックな木造建築で、ブラック・アンド・ホワイトと呼ばれることもある。

ハーフティンバーというのは丸太（ティンバー）を半分

に割って軸組とすることに由来するといわれている。また、補強材を装飾的に使用することも発達し、その代表的な作品とリトル・モートン・ホールはいわれている。この工法は13世紀に始まったが、現存する建物の多くは16世紀初頭のエリザベス1世時代から19世紀半ばに建てられた。

この館は1450年頃にコの字形のプランの北東部から次々に建て増しされた。北棟の中央にある大広間（グレイト・ホール）がこの家の中心であり最古の部分である。ここでは中世のマナー・ハウスと同じように天井が高く大きな部屋が一つあり、ここで24時間、家族と使用人の生活が営まれていた。16世紀後半に入ると急速にプライバシーが求められるようになって大広間は生活の場から賓客をもてなす宴会の場となり、18世紀以降には華麗な玄関ホールに変形していくのである。

この館の3階にはロング・ギャラリーと呼ばれる室内運動場兼社交場があり、これはカントリー・ハウスにはなくてはならない空間であるが、このマナー・ハウスにまでロング・ギャラリーが造られた。そしてなぜか、この最上階部分が張り出している。町の中ならわかるが郊外の広い場所でどうしてだろうと思ったら、どうも、3階に増築した時、少しでも部屋を広くとるために張り出して造られたようだ。その後これは面白いと多くの建物が真似たのだという。

それにしてもこの館は英国のナショナル・トラストがしっかり管理していることでも有名だが、建物のいたるところが歪んでいる。日本で保存となると歪みを直し新築のようにしてしまうが、イギリスではあるがままに修理保存する。柱や梁は曲がり、どこが垂直で、どこが水平かハッキリしない。床まで傾いているので足元がふらつく。三脚を立てカメラをセットしても、どこを基準にしていいのかわからなくなる。ビューカメラの逆さまに写るピントグラスを覗いていると頭がクラクラしてくる。

豪華絢爛なロング・ギャラリー
Hatfield House
ハットフィールド・ハウス

設計：ロバート・ライミング［石工・大工］
竣工：1607年5月以降～1611年完成
ロング・ギャラリー　18世紀完成

明治の頃の日本はイギリスを範として近代化が進められた。産業はもとより政治や経済、文化、教育など社会のあらゆる事柄を英国から取り入れたのである。建築もその例外ではなかった。貴族や資産家が英国の貴族の館を模して立派な邸宅を建てた。しかし、カントリー・ハウスには必ずあるが、日本の邸宅にはない不思議な場所がある。

それはロング・ギャラリーと呼ばれているスペースで、幅の広い廊下のように見えるが部屋と部屋をつなげていない。これ自身が立派な部屋なのである。絵を飾る場所をギャラリーと呼ぶが、その語源になったともいわれている。

英国の冬は寒さが厳しく、貴族の男たちは寒風の中でラグビーやサッカーに興じるが、ご婦人たちは戸外での散歩にも出られないので冬場はどうしても運動不足になる。

そこで、ここを熊のように行ったり来たりして運動し、ストレスの解消をする。そのための運動場としてロング・ギャラリーが設けられたという。そして、紳士淑女が豪華な衣装や装飾品で着飾って競いあった社交場でもあった。グランド・ツアーで買い集めた美術品や先祖から伝わるお宝を並べる展示場であり、ここで優雅にアフタヌーンティーを愉しんだりする場所でもあった。

ハットフィールド・ハウスには長さ60メートルのロング・ギャラリーがある。これだけ巨大なものは英国でも珍しい。18世紀、完成当時の天井は白い漆喰仕上げであり、装飾は典型的なジェイムズ1世様式である。19世紀に天井に金箔が貼られ部屋全体が黄金に輝き豪華絢爛に変身した。

この館の創建者はバーリー卿ウイリアム・セシルの次男でジェイムズ1世の首席閣僚ロバート・セシルである。

館の外観は落ち着いた赤煉瓦造りで白のコーナーストーンでまとめられ、コーナータワーには可愛らしいオジー屋根(玉ねぎ形)がチョコンと載っている。ジェイムズ1世様式とはこのような建築のスタイルだという見本のような建物である。

そして建築が趣味であったオーナーであるロバート・セシルが館のプランを作った。それはE字形プランで、Eはエリザベスの頭文字からのもの。もちろん、1603年に没したエリザベス1世はこの館を訪れることはなかったが、女王ゆかりの品が多く伝えられている。

圧倒的な支持を得た「アダム様式」
Harewood House
ハーウッド・ハウス

ウエスト・ヨークシャー州ハーウッド

竣工:1759年〜1771年

英国の近代建築のスーパースター、ロバート・アダムはスコットランド出身の建築家である。有名な建築家ウィリアム・アダムの次男に生まれた。4人兄弟が建築家という建築家一家である。エディンバラ大学で学び、アダム・スミスやデイビッド・ヒュームとも交友があったという。1754年から58年に友人とともに貴族の若者たちに流行した大陸へのグランド・ツアーに出かけた。ローマでは古代遺跡にふれ、ポンペイなどでは古代遺跡の調査も行った。帰国後にこれらの遺跡研究の成果を発表して名声を得て、建築家として一躍有名になった。

そして多くの貴族の館(カントリー・ハウス)を設計していった。作品はイギリスの伝統的な古典趣味をもとに、古代ローマやエジプトなどの建築と装飾の各要素を組み合わせた独創的なもので、18世紀後半に大流行した。天井や壁をスタッコ仕上げにして明るい彩色を施し、各部分に精緻な比例に則った華麗な構成が、建築だけでな

く、家具の調度品そして食器まで統一した意匠で貫かれた。その作品には中世の邸宅を改修したものも多く、アダム・スタイルと呼ばれる洗練された特徴的なインテリアデザインは圧倒的な支持を得た。

ハーウッド家は1315年からこの地ヨークシャーに住み17世紀末にはアンティル諸島バルバドスのプランテーション(砂糖農園)で成功をおさめ莫大な富を築いたという。家督を継いだエドウィンが館の建設を手がけた(1759年から1771年にかけて設計・建築)。設計は新古典様式の旗手である人気のロバート・アダムに依頼し、建築からインテリアまでのすべてを彼に任せることにした。外観はアダムらしく繊細なパラーディオ主義でまとめられ、内装は部屋の用途によって変化がつけられている。とくに天井を飾る漆喰の装飾は華麗かつ清楚で、多くの貴族のご婦人方に絶大な人気があった。

19世紀に入り外観も内装も大きくゴシック様式に変えられたがミュージック・ルームやライブラリーは改装されなかった。天井の装飾とカーペットの紋様がペアになっている部屋を日本でも見かけることがあるが、これはロバート・アダム・スタイルである。長く踏襲されてきた原型を、この部屋で見ることができる。

アダムは英国の建築を初めて大陸の水準まで引き上げ、新古典主義建築のフランスのクレリソー、イタリアのピラネージと並ぶ三大巨匠と呼ばれるようになった。アダムの装飾を見ているとウェッジウッドの陶器「ジャスパー」を思いだすという人がよくいるが、それは黒や青の素地に古代神話の像などを白で描いた器のイメージからきているのであろう。どうも陶器がアダムを真似たのではないかと思われる。初めてハーウッド・ハウスを訪れ、この部屋を撮影したときにはガイドの方がここは「アダムの間」と言っていたのに、次に行ったときは「ウェッジウッドの間」と呼ばれていたのには驚いた。

おわりに
Afterword
増田彰久

　1989年から約20年間にわたって、田中亮三慶應義塾大学教授ご夫妻とともにイギリスのカントリー・ハウスを訪ねる旅を行った。本書はその成果をまとめたものである。

　ヨーロッパの田舎はどこも清々しい土地柄だが、とくにイギリスの地方はすばらしい。気候も夏は涼しいし、日本人が思い描く外国の景色にピッタリ。緑がうねっていて、その中に赤い屋根の可愛いらしい家があったりして、いつも楽しい旅であった。

　その日は予定どおり撮影も終わり、翌日のカントリー・ハウス撮影地の街のB&Bに入るまで少し時間があったのだが、国道から見えたキュートな一軒家が気になり、道を逸れて田舎道へ進んでみた。小さな窓は美しい花々で飾られ、室内を覗くとまるで今から来客があるかのような、見事なテーブルセッティングがなされていた。私たちの姿に気づいた白髪のご婦人が現れた。「あまりにも可愛いので見ていました」と言うと、ご婦人はニコニコしながら、8年前に亡くなったご主人が今も近くで私を見守っていてくれると思うので、きちんとした暮らしを心がけているのです、と話してくれた。心に残るエピソードである。

　そんなに田舎まで行かなくても、ロンドン郊外にだって貴族の館はある。地下鉄で空港に向かう途中にあるオスタリー・パークは、エリザベス1世時代の館で、女王も行幸した。ロバート・アダムの装飾も見事である。

　カントリー・ハウスは英国の誇りであり文化遺産でもあるので、どこの館でも大切にされている。何代も前の家具など、革が擦り切れているものでも張り替えずなるべく修理してそのまま使っている。それが自慢でもある。
　公開されている城館も多いので、機会があれば訪れて英国文化の精華ともいうべきカントリー・ハウスの魅力にふれていただければ幸いである。

　本書掲載のカントリー・ハウスは撮影当時の姿であることをお断りしておきたい。カントリー・ハウスはもちろんのこと、広大な所領(エステート)の維持管理には非常な努力と困難が伴う。その後、所有者が変わった例、非公開・撮影禁止となったところもある。

　建築の専門的な分野に関しては、工学院大学建築学部准教授の中島智章先生にわかりやすい解説を寄せていただいた。また、デザイナーの辻修平さんにはみごとな構成とブックデザインで美しい本に仕上げていただいた。お二人への心からの感謝の念をここに記す。

　最後に、いつも突然、撮影で家を空けるのに明るく応援してくれる妻・陽子に感謝します。

【著者略歴】 *Photographs and text*

増田彰久 （ますだ・あきひさ） *Akihisa Masuda*

1939年、東京生まれ。写真家。
兵庫県立芦屋高校、日本大学芸術学部写真学科を卒業。
大成建設を定年で退職後、増田彰久写真事務所を主宰。
日本写真協会、日本旅行作家協会会員。
50年にわたり明治・大正・昭和の戦前に建てられた
日本の西洋館を撮り続ける。
1983年に第33回日本写真協会賞年度賞、
1985年に第9回伊奈信男賞、
2006年に日本建築学会文化賞などを受賞。

主な著書・共著に、
『写真集 明治の西洋館』（毎日新聞社 1971）
『近代の美術20・明治の洋風建築』（至文堂 1974）
『フランク・ロイド・ライトの世界』（技報堂出版 1976）
『日本の建築[明治大正昭和]』全10巻（三省堂 1979）
『建築紅花青鳥図』（三省堂 1983）
『アール・デコの館――旧朝香宮邸』（三省堂 1984）
『西洋館再見』（岩波書店 1985）
『西洋館デザイン集成』全2巻（講談社 1988）
『看板建築』（三省堂 1988）
『伊東忠太動物園』（筑摩書房 1995）
『信州の西洋館』（信濃毎日新聞社 1995）
『近代化遺産を歩く』（中央公論新社 2001）
『ニッポン近代化遺産の旅』（朝日新聞社 2002）
『歴史遺産 日本の洋館』全6巻（講談社 2003）
『日本のステンドグラス』（朝日新聞社 2003）
『写真な建築』（白揚社 2003）
『藤森照信建築』（TOTO出版 2007）
『西洋館を楽しむ』（筑摩書房 2007）
『日本のステンドグラス――小川三知の世界』（白揚社 2008）
『失われた近代建築』1・2（講談社 2009）
『銀座建築探訪』（白揚社 2012）
『歴史遺産：近代建築のアジア』1・2（柏書房 2013）
『イギリスの産業遺産』（柏書房 2017）など多数。

主な写真展に、
「西洋館再見」（銀座ニコン 1971）
「擬洋風」（銀座ニコン 1975）
「建築・動植物図鑑」（銀座ニコン 1980）
「『アール・デコの館』旧朝香宮邸」（銀座ニコン 1983）
「西洋館の中の日本」（銀座ニコン 1986）
「日本のステンドグラス」（銀座ニコン 1989）
「『幻獣』伊東忠太の世界」（アユミギャラリー 1995）
「建築のハノイ」（銀座ニコン 1996）
「英国貴族の館」（銀座・和光 1998）
「西洋館再見」（横浜東京ガス 2001）
「キャスト・アイアン」（銀座富士フォトサロン 2002）
「日本の建築[明治大正昭和]」（JCIIフォトサロン 2003）など多数。

【解説者略歴】 *Commentary*

中島智章 （なかしま・ともあき） *Tomoaki Nakashima*

1970年、福岡市生まれ。
1993年、東京大学工学部建築学科卒業。
1998～2000年、ベルギー・リエージュ大学留学。
2001年、東京大学大学院工学系研究科建築学専攻博士課程修了。
博士（工学）。
2005年、日本建築学会奨励賞受賞。
現在、工学院大学建築学部建築デザイン学科・准教授。

著書に、
『図説 ヴェルサイユ宮殿――太陽王ルイ14世とブルボン王朝の建築遺産』（河出書房新社 2008）
『図説 バロック――華麗なる建築・音楽・美術の世界』（河出書房新社 2010）
『図説 キリスト教会建築の歴史』（河出書房新社 2012）
『世界一の豪華建築バロック』（エクスナレッジ 2017）
『図説 パリ名建築でめぐる旅』（河出書房新社 2019）

監修に、
『世界で一番美しい宮殿』（エクスナレッジ 2014）
『VILLAS 西洋の邸宅』（マール社 2014）
『世界で一番美しい天井装飾』（エクスナレッジ 2015）

日本語版監修に、
『ビジュアル版 世界の城の歴史文化図鑑』（柊風舎 2012）

共著に、
『図説 西洋建築史』（彰国社 2005）
『宗教改革期の芸術世界』（リトン 2018）
『《悪魔のロベール》とパリ・オペラ座――19世紀末グランド・オペラ研究』（ぎょうせい 2019）

翻訳に、
『図説 イングランドの教会堂』（マール社 2015）など。

編集協力（敬称略：順不同）
鈴木伸子
村上リコ
Cha Tea 紅茶教室

英国貴族の城館

2019年11月20日　初版印刷

2019年11月30日　初版発行

● 著者　　　　　増田彰久（写真・文）

● 解説　　　　　中島智章

● ブック・デザイン　辻 修平

● 発行者　　　　小野寺 優

● 発行所　　　　株式会社河出書房新社

　　　　　　　〒151-0051　東京都渋谷区千駄ヶ谷2-32-2

　　　　　　　電話03-3404-1201（営業）

　　　　　　　　　　03-3404-8611（編集）

　　　　　　　http://www.kawade.co.jp/

● 印刷　　　　　凸版印刷株式会社

● 製本　　　　　加藤製本株式会社

Printed in Japan

ISBN978-4-309-27896-4

落丁本・乱丁本はお取り替えいたします。

本書のコピー、スキャン、デジタル化等の無断複製は著作権法上での例外を除き禁じられています。

本書を代行業者等の第三者に依頼してスキャンやデジタル化することは、いかなる場合も著作権法違反となります。